RADELZEIT IN DER PFALZ

Herrlich entspannte Touren zum Runterschalten & Genießen

Thomas Diehl

THOMAS DIEHL

… raus, raus, raus! Schon als kleines Kind wollte ich immer: raus. Und das hat sich bis heute gehalten. Mich bewegen, herumstromern, schauen, entdecken, tagträumen. Beim Radeln, Wandern, Bergsteigen oder Paddeln. Da lassen sich auch die vielen Stunden in geschlossenen Räumen besser aushalten – in meinem Hauptberuf als freiberuflicher Dozent, bei der Schreiberei und beim Pflegen meiner Website www.wanderportal-pfalz.de

Meine persönliche Radelweisheit:

» **Sich immer mal wieder umdrehen – auch hinten spielt die Musik.**

LIEBE LESERIN, LIEBER LESER,

was für ein ideales Freizeitgerät doch so ein Fahrrad ist! Schnell genug, um in wenigen Stunden vieles zu erleben. Langsam genug, um mit allen Sinnen die Umgebung wahrzunehmen. Flexibel genug, um fast überall hinzukommen.
Mit dem Tempo spielen. Mal flott, mal trödelig. Bei Aufstiegen und Abfahrten den Wechsel von Anspannung und Entspannung genießen. Seinen persönlichen Radelstil finden. Ob man dann unterwegs ist, um immer wieder genüssliche Pausen einzulegen oder ob man umgekehrt Pausen einlegt, um anschließend umso begeisterter wieder in den Sattel zu steigen – jeder kann nach seiner Fasson glücklich werden. Die Pfalz hat die richtige Landschaft dafür: stille Flusstäler und urwüchsige Wälder, Weinberge und Wooge, Felsen und Burgen.

Eine herrlich entspannte Radelzeit wünscht

Thomas Diehl

INHALT

UNTERWEGS AUF DEN SCHÖNSTEN STRECKEN …

VOLLENDETE HARMONIE

» Wie sich an der Südlichen Weinstraße Weinberge, Winzerdörfer und die Gipfelsilhouette des Pfälzerwaldes zu einem Ganzen fügen – ein unvergleichlicher Anblick. Tour 16, von Godramstein zur Kleinen Kalmit, S. 170

ABGESCHIEDENHEIT GENIESSEN

» Lust auf Waldeinsamkeit? Dann auf ins obere Schwarzbachtal! Am quellklaren Bach entlang radbummeln, Raubvögeln und Wildtauben lauschen, die reine Luft inhalieren. Tour 8, von Waldfischbach ins obere Schwarzbachtal, S. 89

ZEITLOS

» Mit formschönen Kegelbergen vor Augen auf einer ehemaligen Bahntrasse den Wechsel von Wald, Wiesen und Feuchtgebieten genießen. Tour 6, zwischen Bundenthal und Ludwigswinkel, S. 70

SEEROSENZAUBER

» Auf schnellem Asphalt mit einem hübschen Flüsschen um die Wette radeln und dann gemächlich zu den Seerosenteichen des Moosalbtals. Tour 2, zauberhafte Wooge im Dahner Felsenland, S. 29

ALTRHEIN-MAGIE

» Undurchdringliche Auenwälder, ein elegant gewundener Flussarm, zauberhafte Inseln und ein Kiesstrand-Badesee auf einer Etappe am Otterstädter Altrhein. Tour 15, von Germersheim zur Blauen Adria, S. 160

FELSEN STUDIEREN

» Aus dem Sattel heraus die Buntsandsteinwunder des Dahner Felsenlandes erkunden – nirgendwo geht das besser als auf dem Lautertal- und dem Raubritter-Radweg. Tour 18, mitten hinein ins Dahner Felsenland, S. 189

DIESES PRALLE LEBEN!

» Nach einer Radelpause umgeben von Kunstobjekten und mediterraner Vegetation gemütlich hinunterrollen zu einem mittelalterlichen Städtchen. Tour 1, Weinberge und Winzerdörfer rund um Freinsheim, S. 21

ALLE TOUREN IM ÜBERBLICK

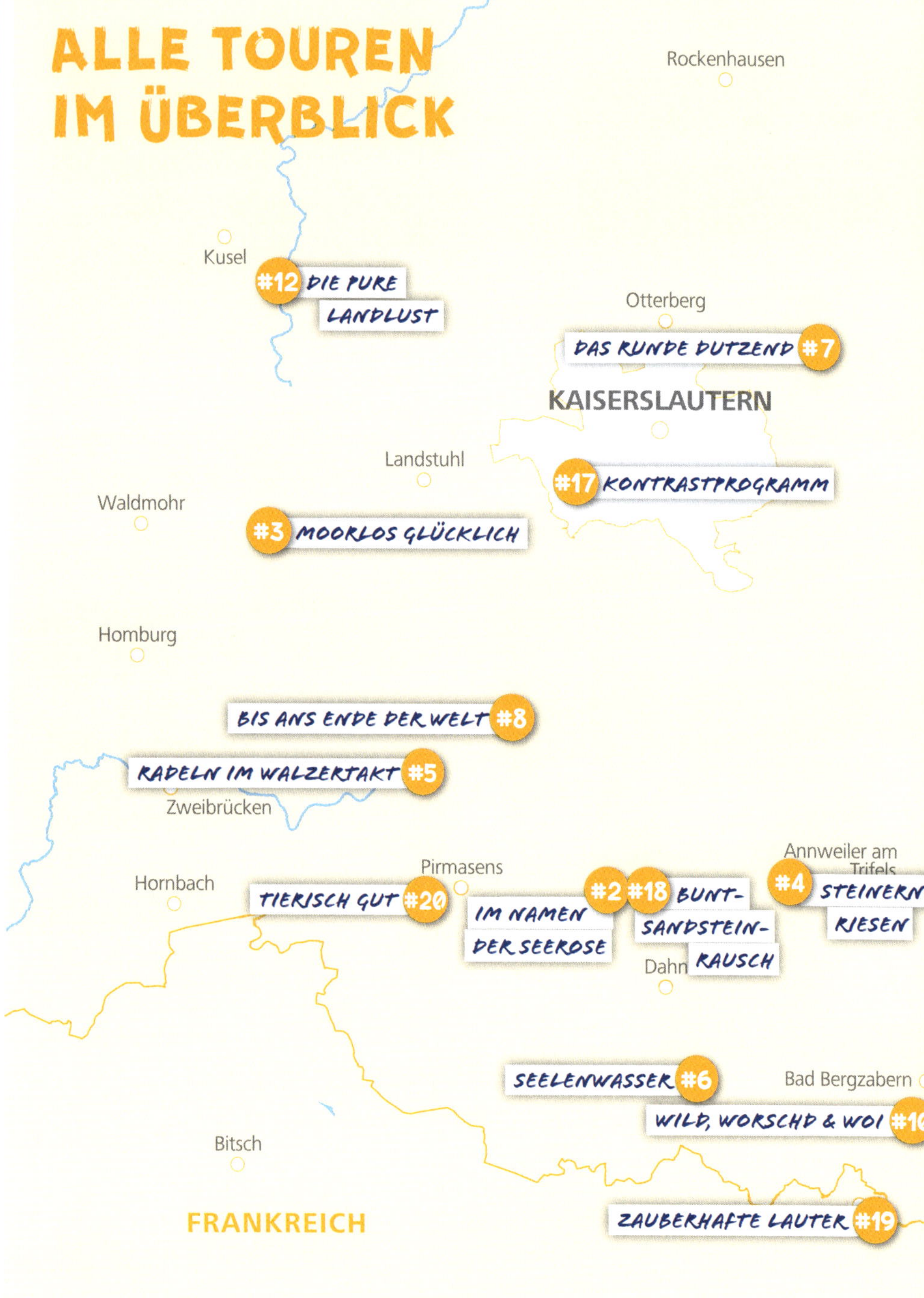

Monsheim
Worms
Fürth
Lampertheim
Eisenberg (Pfalz)
Grünstadt
Frankenthal (Pfalz)
Viernheim
Weinheim
MANNHEIM
#1 DIE RÖMER & DIE REBEN
Bad Dürkheim
Schriesheim
HEIDELBERG
Schifferstadt
Schwetzingen
Neustadt an der Weinstraße
Haßloch
Leimen
Speyer
Hockenheim
#11 WINZERDÖRFER SAMMELN
Edenkoben
#13 STADT-FLUSS-LAND
#9 GARTEN EDEN AUF PFÄLZISCH
#15 DEM STROM FOLGEN
Philippsburg
Germersheim
Östringen
#16 PÄSSE, PICKNICK UND PEDALE
Pfalz
Herxheim
Bruchsal
#14 RADELN IM GEIST DES ZEN
Blankenloch
Wörth am Rhein
Bretten
KARLSRUHE

... UND AUCH PAUSE MACHEN NICHT VERGESSEN

EINFACH NICHTS TUN

» Sitzen, atmen, schauen, lauschen. Sich nichts vornehmen. In Ruhe verharren. Nichts wollen. Der Rösselsweiher macht's leicht. Tour 6, Stopp 4, S. 70

PREMIUM-PICKNICK-PANORAMA

» Würde es einen Wettbewerb um die schönsten Picknickplätze der Pfalz geben, wäre die Kleine Kalmit auf ewig der Champion der Champions. Tour 16, Stopp 5, S. 171

RITTER SPIELEN

» Im Burggemäuer herumkraxeln, auf die höchste Zinne steigen, weit übers Land schauen. Und dabei immer mehr in die Haut von Rittern und Burgfräulein schlüpfen. Tour 18, Stopp 4, S. 190

MOOR-ANWENDUNG GRATIS

» Am Baden im Rohrwoogweiher scheiden sich die Geister: Die einen lieben das dunkle, samtweiche Moorwasser über alles, die anderen hätten's lieber klar und »sauber«. Tour 2, Stopp 6, S. 31

RELAXEN AM K-TOWN BEACH

» Auf dem Badesteg herumlungern. Mit den Zehen im Sand spielen. Durchs moorige Wasser gleiten. Am Gelterswoog, dem Strand von Kaiserslautern (K-Town). Tour 17, Stopp 6, S. 181

LECKERES AM SEE

» Es müssen nicht immer Leberknödel sein. Die kleine Hütte am Retzbergweiher bietet pfiffige Gerichte mitten im Naturschutzgebiet. Tour 7, Stopp 3, S. 78

IST DAS URIG!

» Sich in einer gemütlichen Weinstube verwöhnen lassen. Oder am Dorfbrunnen den Rucksack plündern. Die Winzergasse von Gleiszellen liefert die perfekte Kulisse. Tour 10, Stopp 3, S. 108

EINFACH LOSRADELN

DIE RADELPAUSEN

» START
Bahnhof Freinsheim

KM 4
1 Villa Rustica Weilberg
Wein-Zeitreise

KM 5
2 Kallstadt
Saumagen zum Saumagen

KM 9
3 Weisenheim am Berg
Wein oder Secco?

1 DIE RÖMER & DIE REBEN

Weinberge und Winzerdörfer rund um Freinsheim

»Rebenmeer« – im Leiningerland am Nordrand der Deutschen Weinstraße wird aus dem poetischen Begriff sinnliche Erfahrung: Schier endlos fallen die Weinberge hier in langen Wellen zur Rheinebene ab. Ein Radelgenuss!

KM 11

4 Fotostopp Neuleiningen
Da möchte man doch mal hoch

KM 21

5 Reibold's Pfälzer Weinbergsgarten
Picknick, mediterran

KM 23

6 Freinsheim
Altstadtbummel

KM 24 » ZIEL
Bahnhof Freinsheim

IM FLACHLAND IST MAN HIER NICHT UNTERWEGS

Herxheim am Berg, Weisenheim am Berg, Bobenheim am Berg – die Ortsnamen der Winzerdörfer im Leiningerland verraten es. Und in der Tat: Den Haardtbergen ist eine Terrasse vorgelagert, die den Ausgangspunkt Freinsheim um mehr als 100 Meter überragt. Fernblick garantiert! Weine aus Premiumlagen ebenfalls.

DER SCHÖNSTE MOMENT: DEN FLUG DER SCHWALBEN UND HEIDELERCHEN VOR DER SILHOUETTE DER HAARDTBERGE BEOBACHTEN

Also hoch auf das Plateau mit seinen Bilderbuch-Weindörfern, das weinselige Leben genießen und nach Stunden gemütlich bergab ins schilfige Eckbachtal, wo sich früher eine Mühle an die andere reihte. Dann führt ein letzter kleiner Anstieg zu einem Traum-Picknickplatz in der Weinlage Musikantenbuckel. Spätestens dort lernt man noch etwas Pfälzisch: Weisenheim heißt »Weisrem«, Freinsheim »Fränsem«.

Unterwegs wird sich jeder Radler-Typ das ihm Gemäße herauspicken: Der Typ Her-mit-den-Weindörfern ergötzt sich an den romantischen Ortskernen mit ihren malerischen Winzerhöfen und zählt die Weindörfer am Weg. Acht!

Der Im-Rausch-der-Sinne-Radelnde erfreut sich vor allem an der prallen Vegetation, lässt sich von der harmonischen Landschaft die Seele salben und nutzt jede Gelegenheit, um an Blumen zu riechen, Weinreben zu betasten oder sich an schön gelegenen Rastplätzen ein Lüftchen um die Nase wehen zu lassen.

Radelnde des Typs Mein-Magen-geht-mir-über-alles sind auch auf dieser Tour ganz der Tradition von Lukullus und Bacchus verpflichtet, verspeisen hier ein Winzersteak, dort einen Saumagen, probieren Grauburgunder, Muskateller, Gewürztraminer. Und hoffen, die so angesammelten Kalorien zwischendurch wegstrampeln zu können.

Der Ohne-Bildung-ist-alles-nix-Typ begeistert sich an der Villa Rustica in Ungstein, erweitert seine Weinkenntnisse auf einem der Kallstadter Weinpfade, besichtigt in Weisenheim eine Kirche mit mittelalterlichen Malereien.

Allen gemeinsam wird am Ende der Spaß an Freinsheim sein, am romantischen Zauber der schönsten historischen Altstadt der Pfalz. «

In Reibold's Pfälzer Weinbergsgarten: Wohl kein römisches Fundstück, diese Amphore. Trotzdem passend.

Die Andreaskirche in Kirchheim an der Weinstraße – hübscher Blickfang auf der Fahrt durch das Eckbachtal.

Ganz entspannt rollen lassen kann man das Rad, wenn es von Freinsheim auf die Haardtberge zugeht.

RADELN & GENIEßEN

START

Bahnhof Freinsheim

Auf dem Radweg nach Ungstein. Dort rechts hinauf zur Römervilla.

KM 4

1

Villa Rustica Weilberg

Wein-Zeitreise

Wie stolz man doch allerorten ist, wenn man auf Spuren der Römer verweisen kann! So auch in Ungstadt, wo römische Siedler schon zu Zeiten des Kaisers Augustus eine Villa Rustica, ein Landgut, errichteten und den Germanen zeigten, was man mit Trauben so alles anstellen kann. Der Standort am Weilberg ist mit Bedacht ausgewählt, gibt es dort doch nicht nur ertragreiche Böden und das so wichtige Quantum Sonne, sondern auch den freien Blick über die Rheinebene. Aus Villa wurde im Lauf der Zeit »Wile«, aus Wile »Weil« – und der Weilberg hatte seinen jetzigen Namen weg. Das Weingut ist heute ein Freilichtmuseum mit originalen Mauern und Säulen sowie teilrekonstruierten Gebäuden, darunter das Herrenhaus und ein Kelterhaus.

Von der Römervilla nicht weiter bergauf, sondern ein paar Meter zurück und linkshaltend nach Kallstadt.

Römische Säulen vor grünen Pfälzerwaldbergen. Alles echt!

Weingüter und Weinlokale verführen im Leiningerland immer wieder zu einem Stopp.

Da steckt Liebe drin, in dieser Fassade eines Winzerhofs.

TYPISCH WEINSTRASSE

KM 9

3 Weisenheim am Berg

Wein oder Secco?

Was wäre ein Besuch im Leiningerland ohne Weinprobe? In Weisenheim hat man die Qual der Wahl, bieten dort doch mehrere Weingüter Tropfen aus den Lagen Mandelgarten, Sonnenberg oder Vogelsang an. Größtes Haus am Platze ist das Weingut Holz-Weisbrodt mit einer modern gestalteten Vinothek, einer Secco-Hütte und einer traditionellen Gaststube im Stammhaus der Winzerfamilie (www.holz-weisbrodt.de). Dort weiß man vielleicht auch etwas über einen sympathischen Brauch, der bis ins achte Jahrhundert zurückreicht: Neubürger werden in Weisenheim beim alljährlich stattfindenden Stutzenfest mit einem Zeremoniell in die Dorfgemeinschaft aufgenommen – sofern sie die Vorgaben erfüllen. Mitzubringen sind nämlich zwölf Liter Wein und ein mit Brot, Nüssen und Handkäse gefüllter Hut.

Immer auf Radwegen entlang der Straße nach Bobenheim am Berg und weiter Richtung Kleinkarlbach.

KM 5

2 Kallstadt

Saumagen zum Saumagen

Saumagen trinken? In Kallstadt geht das, denn Saumagen bezeichnet hier nicht allein das berühmt-berüchtigte Pfälzer Traditionsgericht, sondern auch eine Spitzenweinlage am westlichen Ortsrand, in der vor allem Riesling angebaut wird. Diesem wird an einem Fest am ersten Septemberwochenende gehuldigt, der Saumagenkerwe. Kosten kann man die Saumagen-Saumagen-Kombination das ganze Jahr über in den Kallstadter Weinlokalen. Was das wohl mit der Radelfitness anstellt?

Durch den Ort Richtung Herxheim am Berg. Etwa einen Kilometer hinter dem Ortsausgang von Kallstadt nach links und auf einem unbeschilderten Asphalt-Wirtschaftsweg am Steilabbruch des Naturschutzgebiets Felsenberg-Berntal entlang hinauf zur Straße zwischen Leistadt und Weisenheim am Berg. Dort rechts.

KM 11

4 Fotostopp Neuleiningen

Da möchte man doch mal hoch

Zwischen Bobenheim am Berg und Kleinkarlbach rückt ein malerisch auf einer Bergkuppe thronendes Dörfchen ins Blickfeld: Neuleiningen. Schon vom Radweg aus lassen sich die Burgruine Neuleiningen, eine etwas überdimensionierte Burgkapelle, Wehrtürme und Reste der Stadtmauer erkennen. Jahrhundertelang herrschte das Adelsgeschlecht der Leininger von hier aus über das Land um Bad Dürkheim und Grünstadt. Noch während man Neuleiningen im Foto festhält, nimmt man sich vor, irgendwann einmal dort hinaufzufahren. Konditionswunder und Leute mit E-Bike machen's gleich: 20 Minuten und über 100 Höhenmeter sind es vom Fotostopp bis zum Rundgang durch die Burganlage und zur Einkehr in der Burgschänke (burgschaenke-neuleiningen.de).

In Kleinkarlbach rechts und auf dem Radweg über Kirchheim und Bissersheim nach Großkarlbach. Dort zur Kirche und auf einem Landsträßchen Richtung Freinsheim. Hinter einer Passhöhe liegt rechts Reibolds Pfälzer Weinbergsgarten.

In traumhafter Lage thront Neuleiningen auf einem Hügel über den Weinbergen.

Kunst und lauschige Sitzplätze in Reibolds Pfälzer Weinbergsgarten.

KM 21

5 Reibolds Pfälzer Weinbergsgarten

Picknick, mediterran

Zwischen Großkarlbach und Freinsheim erstreckt sich der Musikantenbuckel, ein Kalkstein-Höhenzug, dessen Name auf die früher häufig hier vorbeiziehenden Musikerfamilien aus dem westpfälzischen Mackenbach verweist. An seinem von der Sonne verwöhnten Südhang hat die Freinsheimer Winzerfamilie Reibold ein ganz besonderes Kleinod geschaffen: Reibolds Pfälzer Weinbergsgarten, ein liebevoll angelegter Picknickplatz mit mehreren schattigen Tischen und Bänken. Inmitten von Kunstobjekten und mediterranen Pflanzen kann man sein Mitgebrachtes verzehren und den wunderschönen Blick auf Freinsheim und das Haardtgebirge genießen. Größere Gruppen sollten sich vorher anmelden (www.weingut-reibold.de).

Weiter auf einem Landsträßchen Richtung Freinsheim. Am Kreisverkehr geradeaus und dann rechts durch die Weisenheimer Straße ins Ortszentrum.

Das Innere Eisentor ist Teil der Stadtmauer von Freinsheim.

EXTRA INFOS:

Beim Aufstieg nach **Weisenheim am Berg** gibt es am Rande des Naturschutzgebiets Felsenberg-Berntal schöne Picknickplätze mit Bänken und Tischen. Beschaulich rasten kann man auch an den Winzerbrunnen in den Ortszentren, zum Beispiel in Ungstein, in Bobenheim am Berg oder in Kirchheim.

Einmal in einem liebevoll restaurierten ehemaligen Wasserwerk übernachten? Unmittelbar neben der historischen Stadtmauer von Freinsheim liegt in einem großen Garten das ● **Landhotel Altes Wasserwerk** (www.landhotel-altes-wasserwerk.de). Besonders pfiffig: die zwei Turmzimmer im mittelalterlichen Herzogturm der Stadtmauer.

KM 23

6 Freinsheim

Altstadtbummel

Gute zwei Stunden kann man für das Weinbaustädtchen Freinsheim mit seiner pittoresken Altstadt einkalkulieren. Verlieben wird man sich auf der Stelle – in die Türmchen und Tordurchgänge, das weinumrankte Sandsteingemäuer, die Bauerngärtchen, die stolzen Bürgerhäuser und die schnuckeligen Wohnhäuser mit ihren liebevoll gestalteten Fassaden. Etwas länger dauert da schon der Rundgang durch die verwinkelten Gässchen und entlang der Stadtmauer. Und schließlich kommt ja noch die obligatorische Einkehr in einem der gemütlichen Restaurants oder Cafés dazu.

Durch die Denkmalstraße und die Bahnhofstraße zum Bahnhof.

KM 24 » ZIEL

Bahnhof Freinsheim

Nach herzhafter Kost, Weinprobe und Picknick: Ein Eis schließt den Magen.

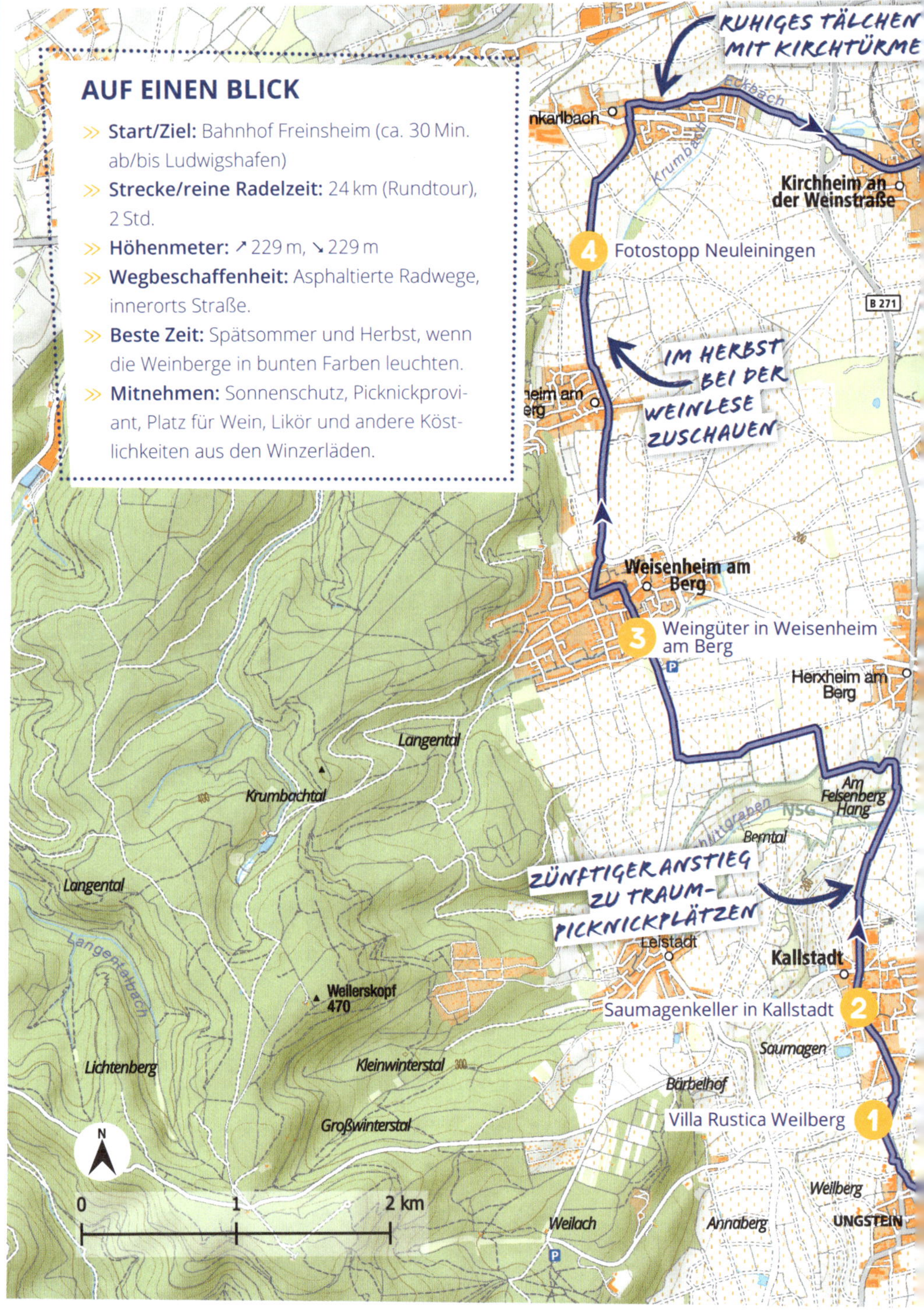

AUF EINEN BLICK

- » **Start/Ziel:** Bahnhof Freinsheim (ca. 30 Min. ab/bis Ludwigshafen)
- » **Strecke/reine Radelzeit:** 24 km (Rundtour), 2 Std.
- » **Höhenmeter:** ↗ 229 m, ↘ 229 m
- » **Wegbeschaffenheit:** Asphaltierte Radwege, innerorts Straße.
- » **Beste Zeit:** Spätsommer und Herbst, wenn die Weinberge in bunten Farben leuchten.
- » **Mitnehmen:** Sonnenschutz, Picknickproviant, Platz für Wein, Likör und andere Köstlichkeiten aus den Winzerläden.

Palmberg
Großkarlbach
Bissersheim
Regenrückhaltebecken in den Weiherwiesen
KLEINER ANSTIEG IN SCHATTIGER ALLEE
REBHÄNGE RINGSHERUM
5 Reibold's Pfälzer Weinbergsgarten
ackenheim
Weisenheim am Sand
Talweidegraben
Kesselbach
Freinsheim
6 Altstadt Freinsheim
Landhotel Altes Wasserwerk
Naherholungsgebiet Ludwigshain
Langer Stein
START & ZIEL Bahnhof Freinsheim
Schlittgraben
Eyersheimer Hof
Albertgraben
Erpolzheim
IMMER AUF DIE BERGE ZURADELN
Isenach
Seegraben
Birkenheide
Im Bruch
Freiheitenplatz

DIE RADELPAUSEN

>> START
Bahnhof Hinterweidenthal

KM 1
1 Teufelstisch
Frühstück mit dem Teufel

KM 11
2 Kranzwoog
Seerosenzauber

KM 15

Dahner Hütte
Jetzt was Deftiges!

2

IM NAMEN DER SEEROSE

Zauberhafte Wooge im Dahner Felsenland

Verwunschene Seerosenweiher in weltfernen Talauen, rostrote Felsen, ein quellklares Flüsschen. Dies könnte eine Tour für notorische Romantiker sein, wären da nicht der Teufel und die Relikte aus der Zeit des Kalten Krieges.

KM 17

4 Rothsteigbrunnen
Quellwasser tanken

KM 20

5 Wachtfels
Buntsandstein à la carte

KM 35

6 Rohrwoogweiher
Hinein ins samtweiche Wasser!

KM 39 » ZIEL

Bahnhof Hinterweidenthal

HOCHSOMMER …

… an einem weltfernen Woog. Es ist so weit: Die Blüten der Seerosen haben sich in den Tagen zuvor geöffnet. Ein Farbenrausch in Gelb, Weiß und Rosa. Libellen schwirren über die dunkle Wasserfläche, dann und wann schnappt ein Fisch nach einer Fliege. Kein Zivilisationsgeräusch weit und breit, stattdessen sorgen Frösche, Insekten und Wasservögel für den Sound.

Klingt verlockend, aber wo findet man so was? Zum Beispiel in den Seitentälern des Wieslautertals im Dahner Felsenland. Suchen muss man nicht lange, denn es gibt dort eine beschilderte Radrunde mit dem vielversprechenden Namen Seerosentour. Sie bildet das Gerüst dieser Tour, die sich noch zwei pfiffige Felsenabstecher gönnt. Der erste führt gleich zum Teufelstisch, dem spektakulärsten Tischfelsen der Pfalz, der zweite in Dahn auf den Aussichtspunkt Wachtfels.

DER SCHÖNSTE MOMENT: IM MOOSBACHTAL UM DIE ECKE BIEGEN UND PLÖTZLICH DIE SEEROSENPRACHT VOR SICH HABEN

Die Seerosentour nutzt teilweise den Lautertal-Radweg, der als der schönste der Pfalz gilt. Tatsächlich: Ein perfekter Radelgenuss, wenn man, begleitet von bizarren Felsgestalten, an der munteren Wieslauter entlangrollt.

Im naturgeschützten Moosbachtal geht es los mit der Seerosenpracht. Kleine Teiche, ein traumhafter Woog, Feuchtwiesen mit skurrilen Seggengewächsen, ein Hochmoor – Natur ringsum. So scheint es. Und doch: Man ist auf einem ehemaligen Militärsträßchen unterwegs, kommt plötzlich an einem Stolleneingang vorbei und wird so daran erinnert, dass die US-Militärstrategen zur Zeit des Kalten Krieges ganz begeistert waren von den Verstecken des Pfälzerwaldes.

Szenenwechsel: Nach einer Panoramastunde auf dem Wachtfels fährt man noch einmal zum Felskolosse-Bestaunen durchs Wieslautertal, dann geht es zum Fachwerkdorf Erfweiler und im schattigen Märchenwald hinüber ins Rohrwoogtal. Das wirkt ganz friedlich, aber nein: die Hügel zur Linken sind Überbleibsel von Bunkern, die zum ehemaligen US-Munitionsdepot Camp Dahn gehörten. Dann, am Hohlwoog, noch einmal Seerosenzauber. Die Krönung: ein Bad im stillen Rohrwoog. Wie samtig-weich dieses dunkle Moorwasser doch ist! «

Ideen muss man haben! Eigenwillige Inszenierung am Neudahner Weiher.

Unser Sonnensystem in Buntsandstein – auf dem Lautertal-Radweg verläuft auch der Planetenweg Dahner Felsenland.

Am Rohrwoog: Faulenzen, die Beine ins Wasser baumeln lassen, eine Runde Schwimmen mit Karpfen.

RADELN & GENIEßEN

Bahnhof Hinterweidenthal

Der Bahnhof liegt erhöht auf einem Damm. Also erst einmal Richtung Wissembourg hinunter ins Dorf. Dort gleich rechts zum Spielpark Teufelstisch, wo der kurze Zu-Fuß-Abstecher zum Teufelstisch beginnt.

KM 1

1

Teufelstisch

Frühstück mit dem Teufel

Den Teufelstisch muss man einmal aus der Nähe gesehen haben – eine bizarre Felsgestalt, die verdientermaßen in die Top Ten der deutschen Naturwunder gewählt wurde. In guten fünf Minuten steht man unter dem Felsentisch und fragt sich, wie die fast 300 Tonnen schwere Tischplatte auf den viel schmaleren Sockel gelangte. Die Teufelstisch-Sage weiß Antwort: Der Gehörnte habe einst auf einem seiner Streifzüge keinen guten Rastplatz gefunden, daraufhin voller Wut zwei Felsen gepackt und zu einem Tisch aufgetürmt. Wer der Stabilität des Bauwerks nicht traut, setzt sich auf einen Felsblock etwas abseits und nimmt ohne bange Blicke nach oben sein zweites Frühstück zu sich.

Wieder im Tal auf dem Pamina-Radweg Lautertal Richtung Wissembourg. Nach sechs Kilometern am Neudahner Weiher mit dem Logo der Seerosentour rechts ins Moosbachtal. Nach zwei Kilometern nicht zur Dahner Hütte abbiegen, sondern geradeaus weiter und nach etwa drei Kilometern vom Asphaltsträßchen links auf den Forstweg.

Nur einen Katzensprung vom Lautertal-Radweg entfernt liegt der Teufelstisch.

Ein Farbenrausch in Gelb, Weiß und Rosa: Seerosenpracht am Kranzwoog.

KM 11

2 Kranzwoog
Seerosenzauber

Einige Ohs und Ahs sind zu vernehmen, wenn Gebietsneulinge zum ersten Mal den in eine Talsenke eingebetteten Kranzwoog sehen. Und hören, denn im Frühling und Sommer quaken hier die Frösche schier endlos um die Wette. Ein eigenwilliges Gratiskonzert. Ebenfalls gratis gibt's den Seerosenzauber – 39 Millionen Euro gespart! Für diese Summe nämlich wurde 2008 bei Sotheby's das Seerosengemälde »Nymphéas« von Claude Monet versteigert. Was für ein friedlicher Platz! Schwer vorstellbar, dass sich während des Kalten Krieges auf den Kegelbergen hinter dem See zwei Anlagen der US-Armee mit Raketenabwehrsystemen und Abschussrampen befanden.

Auf der Seite des Weihers, an der zwei Ruhebänke stehen, auf einem Forstweg zurück Richtung Dahner Hütte. Die Abzweigung dorthin ist beschildert. Man ist nun wieder auf der Route der Seerosentour unterwegs.

Frühmorgens an der Dahner Hütte – bald werden sich die Tische füllen.

KM 15

3 Dahner Hütte
Jetzt was Deftiges!

Rund 100 Hütten unterhält der Pfälzerwald-Verein in der Pfalz und dem ehemals bayrischen Teil des Saarlandes. Sie werden in der Regel von Ehrenamtlichen bewirtschaftet und sind deshalb meist nur am Wochenende geöffnet. Die Dahner Hütte macht da eine Ausnahme (pwv-dahn.de). Preiswert und typisch pfälzisch, also herzhaft-deftig, ist die in den Hütten angebotene Kost. Kinder suchen allerdings vergebens Pommes, Burger oder Spaghetti auf der Speisekarte. Noch! Ein Gericht namens Schiefer Sack – eine Bratwurst, daneben ein Leberknödel – steht für den bisweilen derben pfälzischen Humor.

Von der Hütte wieder etwas zurück und rechtshaltend dem Logo der Seerosentour folgen.

KM 17

4 Rothsteigbrunnen

Quellwasser tanken

Beim Übergang vom Moosbachtal nach Dahn liegt auf einer Passhöhe ein Rastplatz mit dem in Stein gefassten Rothsteigbrunnen. So munter der auch fließt, man schaut doch mit etwas Sorge auf ihn und andere Brunnen des Pfälzerwaldes. Nicht wegen der Wasserqualität – die ist wegen des Buntsandsteinbodens meist hervorragend. Sondern weil infolge der gestiegenen Temperaturen immer mehr Brunnen und Quellen zumindest zeitweise trockenfallen. Der Rothsteigbrunnen tut's noch rund ums Jahr. Trinkflasche auffüllen!

Im Dahner Ortsteil Büttelwoog zum unverkennbaren Felsmassiv Braut und Bräutigam, wo man eine kurze Felsen-Stippvisite dazwischenschieben kann: rechts hinauf zum Parkplatz der Dahner Jugendherberge und in fünf Minuten zu Fuß auf den Wachtfels.

Brunnen aus Buntsandstein – typisch für das Dahner Felsenland

Ein wenig Treppensteigen muss man schon für die Aussicht vom Wachtfels.

KM 20

5 Wachtfels

Buntsandstein à la carte

Auf einem Hügel über dem Wieslautertal thront der Wachtfels, ein leicht zu erreichender Aussichtspunkt. Eine Eisentreppe führt hinauf zu einer geländerbewehrten Plattform. Dort kann man aus einem Felsenmenü auswählen, präsentieren sich hier doch fast alle Felsformen des Pfälzerwaldes. Mächtige Rampen, die aus einem Bergkamm herausragen wie der Jungfernsprung oder der Hochstein, frei auf Kegelbergen stehende Schiffe wie der Lämmerfelsen und der Büttelfelsen, Hangfelsen wie die Rotgraue Wand, dazu Türme wie Braut und Bräutigam. Zur Abenddämmerung kommen die Leute in der Hoffnung auf das Felsenglühen hierher, wenn die Abendsonne die rostroten Felsen intensiv einfärbt. Vormerken!

In Dahn an den Bahngleisen der Wieslauterbahn rechts und auf den Pamina-Radweg Richtung Wissembourg. Im Gewerbegebiet Dahn-Reichenbach mit dem Logo der Seerosentour auf die andere Talseite, auf einem Radweg nach Erfweiler und auf Waldwegen zu den Rohrwoogweihern.

KM 35

6 Rohrwoogweiher

Hinein ins samtweiche Wasser!

Schön, wenn man eine Radtour mit einem Bad im tiefen Wald abschließen kann wie am Rohrwoog! Genau genommen, handelt es sich um zwei Badeweiher, einer mit begradigtem Ufer, der andere naturbelassen und mit Mini-Sandstrand. Direkt daneben stand noch Anfang der 1990er-Jahre ein streng bewachtes Tor. US-Soldaten patrouillierten entlang eines Maschendrahtzaunes, Schilder warnten vor Schusswaffengebrauch. Das Camp Dahn, in dem in 70 Bunkern und über 300 Holzbaracken schwere und leichte Munition gelagert wurde, war eines der zahlreichen Areale in der Pfalz, welche die US-Armee in Beschlag genommen hatte. Nach dem Zerfall des Warschauer Paktes wurden die meisten dieser Camps aufgegeben und der Öffentlichkeit zugänglich gemacht.

Auf einem Sträßchen kurz talabwärts ins Wieslautertal und auf dem Pamina-Radweg zurück nach Hinterweidenthal.

EXTRA INFOS:

In Dahn lohnt ein Abstecher ins Ortszentrum, wo man sich im ● **Eiscafé am Kriegerdenkmal** ein ausnehmend leckeres Speiseeis gönnen kann.

Genau richtig nach fast zwei Stunden Radelzeit kommt in Dahn-Reichenbach das ● **Restaurant Altes Bahnhöf'l** (www.ferienbahnhof-reichenbach.de).

KM 39 » ZIEL

Bahnhof Hinterweidenthal

Ursprünglicher Badegenuss im moorigen Wasser des Rohrwoogweihers.

Bahnhof Hinterweidenthal START & ZIEL
Teufelstisch 1
Kranzwoog 2
Dahner Hütte 3
Rothsteigbrunnen 4
Wachtfels 5
Eiscafé am Kriegerdenkmal
Rohrwoogweiher 6
GENUSSRADELN IM BREITEN WIESENTAL
SEEROSENWEIHER FOLGT AUF SEEROSENWEIHER
HIER KNIRSCHT DER KIES, ANSONSTEN STILLE
FELSEN LINKS, FELSEN RECHTS, FELSEN VORNE
Naturpark Pfälzerwald Kernzone Quellgebiet der Wieslauter
Röder-Kopf 412
Langenberg 437
Großer Schieß 331
Opferstein
Ruppertsweiler
B 10
Frauenstein
Kleiner Mühlenberg 347
Hinterweidenthal
Wieselberg 397
Langeck 333
Etschberg 352
Ungeheuertal
Schnepfenberg 434
Glockenhorn 381
Mühlenbach
Wieslauter
Etschberg 321
Großer Schiffelskopf 457
Kleiner Hellenberg 325
Hoher Kopf 367
Salzwoog
Salzbach
Kreuzteich
Vogtenkopf 368
B 427
Neudahner Weiher
Burgruine Neudahn
Rabensteine
Gerstberger Kopf 385
Potaschtal
Holzkopf 307
Mehrsberg 328
Vogelsberg 296
Dahn
Moosbachtal
Großer Grasterich 319
NSG
Kleines Langental
Ungeheuerteich
Grauberg 291
Roter Felsen
Moosbach
Kaletschkopf 453
Braunsberg 463
Langental
Großes Taubeneck 378
Hohler Graben
Reinighof
N
0 1 2 km

AUF EINEN BLICK

- **Start/Ziel:** Bahnhof Hinterweidenthal, nicht Hinterweidenthal-Ost! (ca. 40 Min. ab/bis Landau)
- **Strecke/reine Radelzeit:** 39 km (Rundtour), 3 Std.
- **Höhenmeter:** ↗ 216 m, ↘ 216 m
- **Wegbeschaffenheit:** Überwiegend asphaltierte Radwege, dazu befestigte oder sandige Waldwege.
- **Beste Zeit:** Juli und August, dann blühen die Seerosen und der Rohrwoog verlockt zum Baden.
- **Mitnehmen:** Etwas Leckeres für die schönen Picknickplätze am Weg, Badezeug.

DIE RADELPAUSEN

» START
Bahnhof Bruchmühlbach-Miesau

KM 2
1 Simultankirche Vogelbach
Pilgern auf zwei Rädern

KM 9
2 Fischerhütte Waldmohr
Forelle oder Zander?

KM 14
3 Galgenhügel
Rast am Galgennachbau

3

MOORLOS GLÜCKLICH

Von Bruchmühlbach zum Ohmbachsee

Die Pfälzische Moorniederung – ein ideales Terrain für Flachlandfans. Mit einem Mix aus Wald, Weideland und Wasser. Vom einstigen Moor ist nach Torfabbau und Trockenlegung kaum noch etwas übrig, geblieben Ist die Niederung.

4 Ohmbachsee
Imbissen und Tretbooteln

KM 22

5 Waldwarmfreibad Miesau
Und jetzt Abkühlung!

KM 23

6 Fischerhütte Miesau
Pizza oder Flammkuchen?

KM 28 » ZIEL
Bahnhof Bruchmühlbach-Miesau

ZWISCHEN DEN BAUERNREGIONEN …

… des Nordpfälzer Berglandes und der Sickinger Höhe breitet sich auf einer Länge von gut 30 Kilometern die Pfälzische Moorniederung aus. Noch vor zwei Jahrhunderten war das Gebiet wegen seiner Sümpfe fast unzugänglich und ließ sich nur über Knüppeldämme überqueren. Während des Frühjahrshochwassers entstanden sogar weite Wasserflächen, auf denen man mit Booten unterwegs war.

Dann begann man damit, das Moor wirtschaftlich zu nutzen, und baute in großem Stil Torf ab. Heute ist der Grundwasserspiegel so stark abgesenkt, dass sich die Landschaft als weitgehend trockene Ebene präsentiert, in der Viehhaltung und landwirtschaftlicher Ackerbau ein Auskommen und Jagd-, Angel- und Radelbegeisterte Erholung finden. Viele Vogelarten – Graureiher, Weißstörche, Kiebitze, Rohrammern – haben hier ihren Lebensraum. Die dichten Wälder bieten Rehen, Wildschweinen, Feldhasen und Füchsen Schutz.

DER SCHÖNSTE MOMENT: IM WALDSCHATTEN ÜBER DIE EHEMALIGE BAHNTRASSE DER GLANTALBAHN ROLLEN

Aus Radlerperspektive ist eine Rundtour durch dieses Gelände ein höchst einfaches Unternehmen. Beschilderte Radwege? Aber ja. Kondition? Unerheblich, es gibt kaum Anstiege. Essen einpacken? Überflüssig, an der Route befinden sich vier Einkehrstationen.

Los geht es am Südrand der Moorniederung, wo schon die Römer eine Straße angelegt hatten, die von Metz zum Rhein führte. Vereinzelt sieht man jetzt doch noch Spuren des Moors: Entwässerungsgräben, Röhricht, Bruchwald.

Dann ein Schwenk und vorbei am Depot Miesau, dem größten US-Munitionslager außerhalb der USA – die Ramstein Airbase ist nicht weit. Ganz ländlich-friedlich wird es, wenn man an großen Rinderweiden und Pferdekoppeln vorbeikommt.

Am Angelweiher bei Waldmohr beginnt ein besonderer Radelgenuss, denn der Radweg verläuft nun auf einer stillgelegten Bahntrasse. Wie entspannt es sich dahinrollen lässt, wie schön schattig das ist! Kontrastprogramm am Ohmbachsee: Wasserspaß und Faulenzen. Das Gleiche noch mal im Waldfreibad bei Miesau, bevor man den Oberlauf des Glans überquert und mit dem Steilabfall der Sickinger Höhe vor Augen nach Bruchmühlbach zurückfährt. «

Auch wenn erst zehn Radelminuten rum sind: Auf einer Kirchturmmauer zu sitzen hat einfach was.

START
Bahnhof Bruchmühlbach-Miesau

Durch eine Bahn-Unterführung und geradeaus weiter zu dem mit einem Logo gekennzeichneten Radwanderweg Pfälzer Moortour, der das Gerüst dieser Tour bildet. Der Beschilderung Richtung Kusel folgen. Nach zwei Kilometern Abstecher zur Kirche in Vogelbach.

KM 2

1 Simultankirche Vogelbach

Pilgern auf zwei Rädern

Wie stimmungsvoll ist doch so ein Kirchenbau aus Buntsandstein! Die auf das zwölfte Jahrhundert zurückgehende Simultankirche St. Philipp und Jakob prägt mit ihrem schon von Weitem erkennbaren achteckigen Turm das Ortsbild von Vogelbach. Simultankirche? So nennt man Kirchen, die von mehreren christlichen Konfessionen genutzt werden. Mitradelnden, die es mit Baustilen nicht so haben, wird man lässig erklären, dass die Rundbögen des Bauwerks auf die spätromanische Epoche zurückgehen, die Spitzbögen auf die gotische. Und dann noch hinzufügen, dass die Kirche schon im Mittelalter ein Zwischenziel für Jakobspilger war, da die Nordroute der Pfälzer Jakobswege hier vorbeiführt. So kann aus einer Radtour unversehens auch eine Pilgerfahrt werden.

Schilder nach Kusel geben weiterhin die Richtung vor.

»Elemente« heißt diese Skulptur des Künstlers LILAU am Ohmbachsee.

KM 9

2 Fischerhütte Waldmohr
Forelle oder Zander?

Am Ortsrand von Waldmohr liegt der Mohrmühlweiher, ein Angelgewässer, in dem sich von Karpfen über Aal und Hecht bis zu Wels und Rotauge fast alles tummelt, was sich in den Woogen der Moorniederung wohlfühlt. Am Ufer stehen genau die richtigen Bänke für eine Radelpause mit Seeblick. Die Wasseroberfläche kräuselt sich in einer leichten Brise, am Schilfufer dahinter gehen Vögel ihrer rastlosen Beschäftigung nach, dann und wann hüpft ein Fisch aus dem kühlen Nass. Das Eis zur Pause gibt es im Restaurant-Café Fischerhütte nebenan (geöffnet täglich ab 10 Uhr, Dienstag Ruhetag). Falls man erst gegen Mittag aufgebrochen ist, gönnt man sich vielleicht schon ein leckeres Fischgericht – beim Radeln braucht man schließlich eine solide Kaloriengrundlage.

Wie gehabt den Schildern Richtung Kusel folgen.

Ganz dem Fisch hat sich die Fischerhütte am Moormühlweiher verschrieben.

KM 14

Galgenhügel
Rast am Galgennachbau

Nach einem leichten Anstieg erreicht man südlich von Schönenberg-Kübelberg einen Hügel, auf dem einst der Galgen des kurpfälzischen Gerichts Kübelberg stand. Um das Volk von Missetaten abzuschrecken, wurde er weithin sichtbar neben der Reichswälder Hauptstraße aufgestellt, die Metz mit Mainz verband. Noch gesteigert werden sollte der Respekt vor der gestrengen Gerichtsbarkeit, indem man die Gehängten oft monatelang am Galgen baumeln ließ. Heute kann man ganz entspannt neben dem Nachbau des Galgens rasten und den Blick über die Wiesen und Wälder der Moorniederung bis zur Sickinger Höhe schweifen lassen.

Jetzt gut aufpassen! Kurz nach dem Galgenhügel verlässt man den Radwanderweg Pfälzer Moortour und biegt links Richtung Ohmbachsee ab. Dort am linken Ufer entlang, um den See im Uhrzeigersinn zu umrunden.

„Die Zeiten waren schon härter", scheint dieser Galgennachbau zu sagen.

KM 17

4 Ohmbachsee

Imbissen und Tretbooteln

Ein blutjunges Gewässer, dieser Ohmbachsee! Erst 1972 wurde er für den Hochwasserschutz am Rand der Moorniederung aufgestaut. Mit etwa 1200 Metern Länge ist er das größte Stillgewässer der Westpfalz. Die besten Badeplätze gibt es am Südufer. Am Nordufer befindet sich ein Kiosk mit kühlen Getränken, Pommes und Grillwurst (bei gutem Wetter täglich geöffnet), Veganer sind allerdings auf ihr Mitgebrachtes angewiesen. So sitzt man gemütlich im Schatten und schaut über einen Wasserspielplatz hinunter auf den See. Anschließend vielleicht noch eine Runde Tretbooteln?

Weiter am See entlang, über den Damm und linkshaltend zurück zur Bahntrasse der Pfälzer Moortour. Am früheren Bahnhof Elschbach nicht mehr der Beschilderung Richtung Kusel folgen, sondern der nach Ramstein-Miesenbach.

Ganz in der Freizeit ankommen – die Terrasse des Kiosks am Ohmbachsee macht es leicht.

Was für ein sympathisches Freibad!
Von Wald umgeben und völlig frei von Hektik.

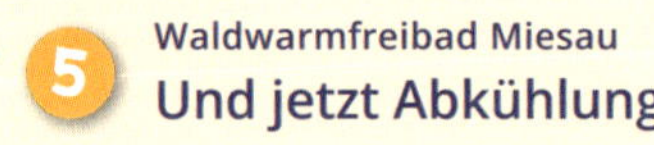

KM 22

5

Waldwarmfreibad Miesau

Und jetzt Abkühlung!

Ein Stündchen im Freibad – das hat man auf einer Radtour nicht so oft im Sinn. Mit einer Nackendusche die Muskulatur auflockern, sich eine Sprudelliege-Massage gönnen, im Hot-Whirl-Pool faulenzen. Oder doch sportlich Bahnen ziehen und dann noch vom Fünfmeter-Turm springen. Das Waldwarmfreibad Miesau (www.tourismus-vgbm.de/freibad-miesau) ist der ideale Platz dafür. Mitten im Grünen, liebevoll gestaltet, mit viel Baumschatten, kaum je überfüllt. Wer die Pommes am Ohmbachsee ausgelassen hat, kann sich hier mit dem Grundnahrungsmittel versorgen.

Auf der anderen Straßenseite liegt schon der nächste Zwischenstopp.

Wie von selbst rollt es auf der ehemaligen Bahntrasse der Glantalbahn.

KM 23

6 Fischerhütte Miesau

Pizza oder Flammkuchen?

Wie gut, dass Angler gern gemütlich zusammensitzen! Wie der Angelsportverein aus Waldmohr hat auch der aus Miesau ein passendes Domizil: eine zünftige Holzhütte neben einem kleinen Angelteich, mit einem gemütlichen Innenraum und schattigen Freisitzen (de-de.facebook.com/asvmiesau). Auf der Speisekarte stehen allerdings nicht Zander und Forelle, sondern Pizza und Flammkuchen. Radelnden soll's recht sein, können sie doch so bei dieser Tour kulinarisch aus dem Vollen schöpfen. Mit etwas Glück kommt man gerade vorbei, wenn Fischerfest ist. Dann gibt's noch mehr zu essen.

Zurück zur Radroute. Der Endpunkt Bruchmühlbach ist jetzt ausgeschildert.

KM 28 » ZIEL

Bahnhof Bruchmühlbach-Miesau

Ideal als Tourenabschluss: ein Imbiss gepaart mit Angler-Gelassenheit.

AUF EINEN BLICK

- **Start/Ziel:** Bahnhof Bruchmühlbach-Miesau (ca. 20 Min. ab/bis Kaiserslautern)
- **Strecke/reine Radelzeit:** 28 km (Rundtour), 2 Std.
- **Höhenmeter:** ↗ 48 m, ↘ 48 m
- **Wegbeschaffenheit:** Fast durchgehend Asphalt, nur am Ohmbachsee befestigter Weg.
- **Beste Zeit:** Ganzjährig. Juni bis August für Wasserratten.
- **Mitnehmen:** Badezeug.

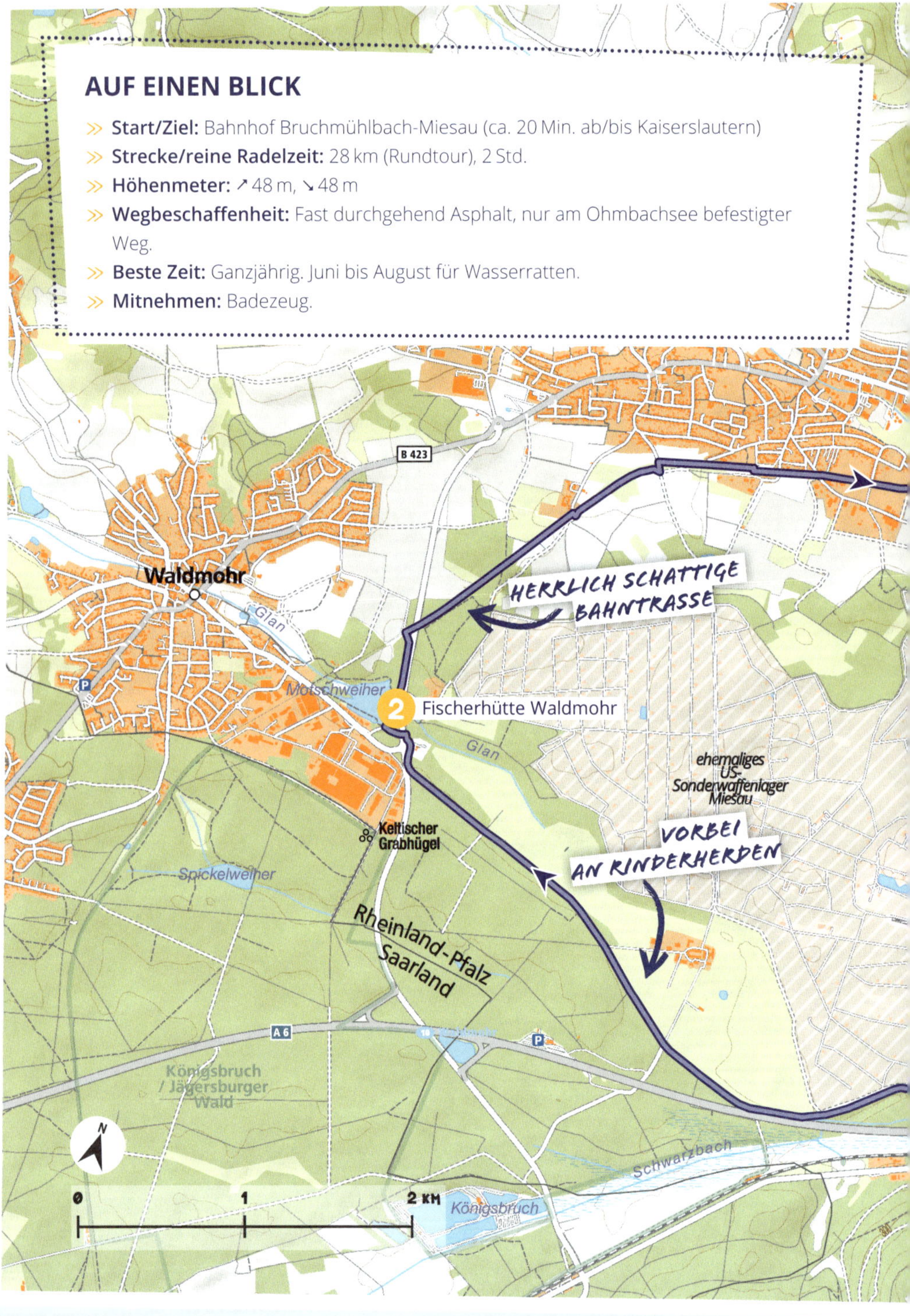

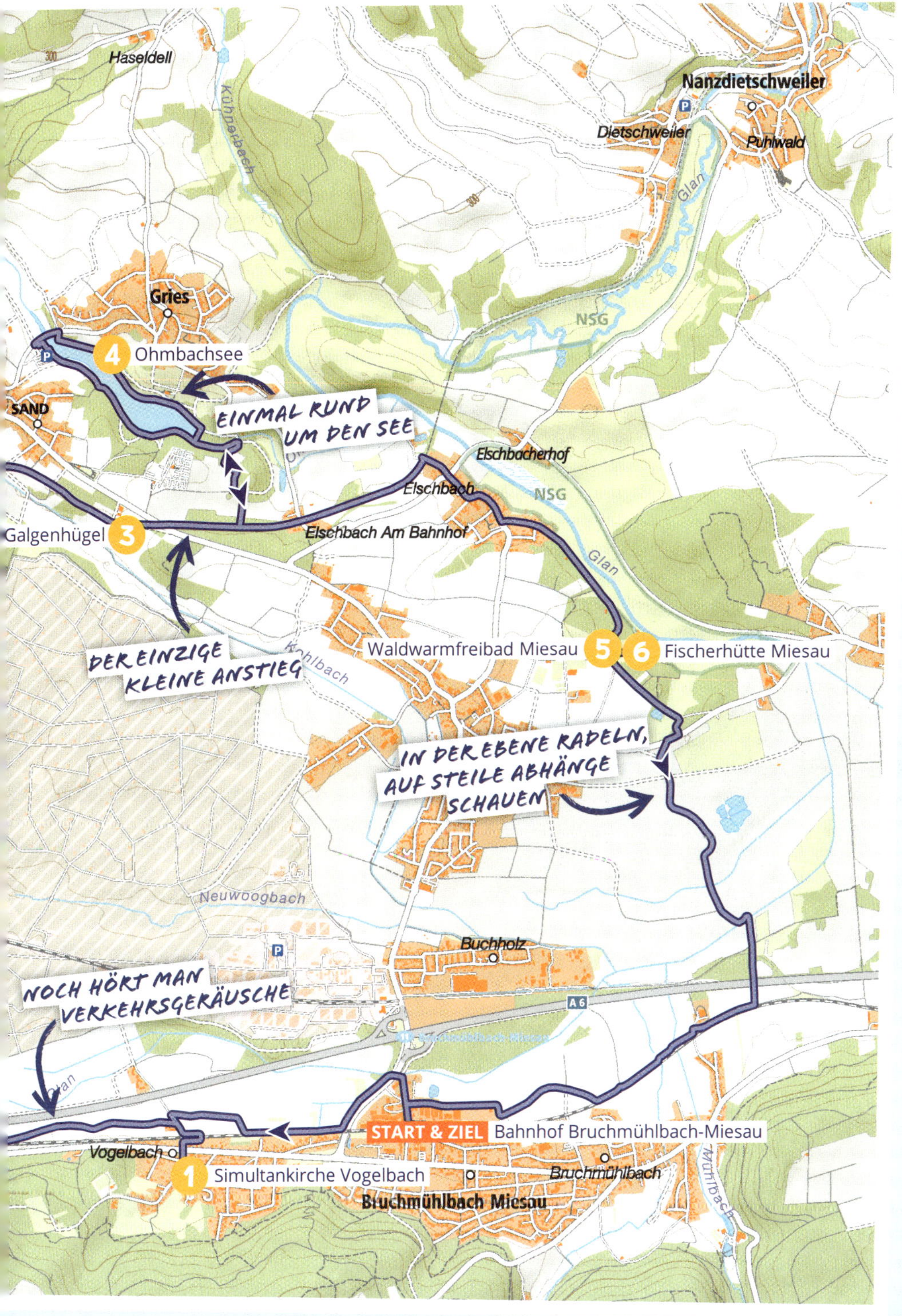
Haseldell
Nanzdietschweiler
Dietschweiler
Puhlwald
Kühnbach
Glan
Gries
4 Ohmbachsee
NSG
SAND
EINMAL RUND UM DEN SEE
Elschbacherhof
Elschbach
NSG
Galgenhügel 3
Elschbach Am Bahnhof
Glan
DER EINZIGE KLEINE ANSTIEG
Kohlbach
Waldwarmfreibad Miesau 5
6 Fischerhütte Miesau
IN DER EBENE RADELN, AUF STEILE ABHÄNGE SCHAUEN
Neuwoogbach
Buchholz
NOCH HÖRT MAN VERKEHRSGERÄUSCHE
A 6
Glan
START & ZIEL Bahnhof Bruchmühlbach-Miesau
Vogelbach
1 Simultankirche Vogelbach
Bruchmühlbach
Bruchmühlbach Miesau
Mühlbach

DIE RADELPAUSEN

» START
Bahnhof Wilgartswiesen

KM 4
1 Spirkelbacher Raufels
Ein Felsenabenteuer

KM 9
2 Fotostopp Luger Geierstein
Felstürme bestaunen

KM 16
3 Annweiler am Trifels
Zwischen Fachwerk und Wasser

4

STEINERNE RIESEN

Felsenwunder zwischen Wilgartswiesen und Annweiler

Aus grünen Wiesentälern und von luftigen Höhen zu bizarren Felsgebilden schauen. Staunen darüber, was Wind und Wasser hier in 200 Jahrmillionen geschaffen haben. Dazwischen die Ruhe und Gelassenheit der Felsendörfer des Wasgaus genießen.

KM 20
4 Kirche Rinnthal
Jetzt wird gerätselt

KM 22
5 Queichtal
Nun mal langsam

KM 24
6 Sandsteinbrunnen in Wilgartswiesen
Wassertest

KM 25 » ZIEL
Bahnhof Wilgartswiesen

EINE LANGE WANDFLUCHT ...

... mit Simsen, Überhängen und Kaminen. Rostrotes Gestein, da und dort graugrüne Flechten. Wettergebeugte Kiefern und Zwergeichen auf den obersten Zinnen. Links davon ein Turm mit senkrechten Wänden, rechts ein vorwitzig aus dem Wald ragender Pfeiler.

So wie hier, auf einer Anhöhe zwischen Spirkelbach und Lug, wird man auf dieser Tour bei jedem Pedaltritt die Wunder des Buntsandsteins vor Augen haben. Schauplatz ist der nördliche Teil des Wasgaus, jener mythischen Waldlandschaft, die vom Queichtal bis in die elsässischen Vogesen reicht. Wenn man von den vortrefflichen Radwegen aus den Raufels, den Luger Friedrich oder den Geierstein studiert, wird man verstehen, wieso die Menschen solche Felskolosse einst für versteinerte Riesen hielten.

DER SCHÖNSTE MOMENT: NACH DEM ERSTEN ANSTIEG ÜBER DIE FELSENLANDSCHAFT DES WASGAUS BLICKEN

Schon beim Start in Wilgartswiesen erspäht man eine ganze Kette dieser Gestalten. Auch über dem schilfigen Spirkelbachtälchen, das tiefer in den Wasgau hineinführt, ragt ein Felsen empor, der Bavariafels. Wie viele andere ist er während der Brutzeit der Wanderfalken für Menschen gesperrt. Weiße Flecken an der Felswand verraten die Lage eines Horsts.

Spirkelbach ist das erste von fünf Wasgaudörfern auf der Route, allesamt hübsch anzuschauen mit ihren Fachwerk- und Buntsandsteinhäuschen. Einziger Makel: Mit der Gastronomie hapert's, einkehren wird man deshalb im schmucken Kleinstädtchen Annweiler unterm Trifels.

Zwei offene Höhenzüge unterbrechen die Talradelei. Da darf der Puls beim Anstieg schon einmal hochgehen. Lohn der Mühe sind traumhafte Blicke auf die Kegelberge des Wasgaus. Und noch eines ist auf dieser Runde eine kleine Anstrengung wert: einmal hinaufsteigen und Hand anlegen an einen der Felsen. Sich beim Hochblicken an einer senkrechten Wand den Hals verrenken, von einem Felsplateau über den Wasgau schauen, einen wohligen Schauer beim Blick in die Tiefe genießen. Bestens geht das beim Raufels, aber auch der Luger Geierstein oder der Wachtfelsen über Wernersberg sind leicht zu erreichen. «

RADELN & GENIEßEN

Ein luftiges Vergnügen! Von der Spitze des Raubergpfeilers schaut man 40 m in die Tiefe und weit in den Wasgau.

START

Bahnhof Wilgartswiesen

Runter in den Ort, rechts durch die Dorfstraße und am Ortsende auf den Radweg nach Spirkelbach. Dort zur Kirche und auf dem Radweg Richtung Lug/Hauenstein bergauf bis zu einer Weggabelung am Rettungspunkt 6813-460, wo der Fußweg zum Raufels beginnt.

KM 4

1 Spirkelbacher Raufels

Ein Felsenabenteuer

Am Raufels findet man alles, was die Pfälzer Buntsandsteinfelsen so einzigartig macht. Bis zu 50 Meter hohe Kletterwände und Türme mit Rissen, Kaminen, Überhängen. Bonsaikiefern krallen sich in den Fels, Heidekraut setzt violette Farbtupfer. Um den Raufels zu erkunden, braucht man feste Schuhe und eine Dreiviertelstunde Muße. Das Rad bleibt unten zurück. Dann vertraut man sich dem Logo der Spirkelbacher Raufels-Tour an, steigt Richtung Kleiner Rauberg zum Fuß der Südwand auf, schlüpft unter einer Felsplatte hindurch, wagt sich dann vielleicht sogar auf den Aussichtsbalkon des Raufelspfeilers vor. Ganz oben verschaffen sich Schwindelfreie noch einen kleinen Nervenkitzel und tasten sich auf einem Felsband gebückt zur Spitze des Massivs vor.

Kletterer sieht man häufig an der Südwand des Spirkelbacher Raufelsens.

Weiter auf dem Radweg Richtung Lug. An einer Landstraße den Radweg verlassen, die Straße rechts hinunterrollen und unten nach Lug abbiegen – so sieht man noch mehr Felsen. Im Ortszentrum kurz Richtung Schwanheim, dann an einer Straßengabelung Richtung Völkersweiler. Auf dem folgenden Anstieg den besten Fotospot für den Luger Geierstein aussuchen.

Das Rad abstellen, zwanzig Minuten aufsteigen, dann hat man diesen Blick vom Luger Geierstein.

KM 9

2 Fotostopp Luger Geierstein
Felstürme bestaunen

Hinter Lug, wo sich die Waldlandschaft für Wiesen und Äcker öffnet, fällt links ein wildgezacktes mehrteiliges Massiv ins Auge, der Luger Geierstein. Wie mag es sich wohl anfühlen, wenn man mit Seil, Klemmkeilen und Karabinern bewaffnet eine der schwierigen Routen der Geierstein-Südwand zu meistern versucht? Auf dieser Tour belässt man es bei einem Fotostopp – oder sollte man doch das Rad noch einmal abstellen und zum Aussichtsplateau des Geiersteins aufsteigen? Die Bezeichnung Geierstein übrigens weist darauf hin, dass dort noch im Spätmittelalter Adler horsteten, die man damals im Wasgau Geier nannte.

Weiter bergauf und vor Völkersweiler links Richtung Annweiler.

KM 16

3 Annweiler am Trifels
Zwischen Fachwerk und Wasser

In der Altstadt von Annweiler lohnt es, nach Lust und Laune durch die Gässchen zu radeln. Prunkstück der Altstadt ist die Gerbergasse, ein Fachwerktraum direkt am Ufer der Queich. Zwei Mühlräder schließen die Gerbergasse ab. Das obere ist in das Restaurant zum Alten Wasserrad integriert (www.zum-alten-wasserrad.de). Das untere, die Stadtmühle, gehört zu einem Schaubetrieb, in dem die Umwandlung von Wasserkraft in Strom gezeigt wird. Direkt daneben erfährt man im kleinen Museum unterm Trifels einiges über die Reichsfeste Burg Trifels, den dort gefangen gehaltenen Prinz Löwenherz und Kaiser Barbarossa. Das Eis danach gibt's in der Wassergasse weiter flussabwärts oder am Marktplatz.

Am Marktplatz den nach Hauenstein führenden Radweg nehmen.

Immer noch rätselhaft, was man sich beim Bau einer solchen Dorfkirche gedacht hat.

KM 20

4 Kirche Rinnthal

Jetzt wird gerätselt

Dieses Bauwerk gibt schon seit Generationen Rätsel auf: die protestantische Pfarrkirche in Rinnthal. Seltsam deplatziert wirkt ihr wuchtiges Säulenportal in dem zwischen steile Bergflanken eingezwängten Dörfchen. Im Volk hält sich deshalb hartnäckig die Vermutung, es habe mutwillig oder irrtümlich eine Vertauschung von Bauplänen gegeben und das Portal sei eigentlich für ein Theater in Karlsruhe gedacht gewesen. Unstrittig ist, dass die Rinnthaler Kirche als einzige im klassizistischen Stil erbaute Dorfkirche der Pfalz ein kunstgeschichtliches Kleinod ist. Als Baumeister fungierte der Hausarchitekt des von der Antike begeisterten Bayernkönigs Ludwig I., der auch den Königsplatz in München und die Eremitage im fernen Petersburg gestaltete.

Weiter auf dem Radweg Richtung Hauenstein.

Altstadt-Charme an der Queich: Die Gerbergasse ist der Stolz von Annweiler.

Angusrinder übernehmen im breiten Tal der Queich die Landschaftspflege.

KM 22

5

Queichtal

Nun mal langsam

Auf dem Weg zur Kirche von Wilgartswiesen, dem »Dom des Queichtals«

Für eine gute Weile führt diese Radtour an der Queich entlang, die – vom Stephanstal bei Hauenstein kommend – den Pfälzerwald zum Rhein hin entwässert. Zwischen Rinnthal und Wilgartswiesen liegt der landschaftlich schönste Teil des Queichtals. Blickfang ist die wuchtige Sandsteinkirche von Wilgartswiesen mit dem Bavariafels dahinter. Im weiten Talgrund ist Platz für Feuchtwiesen und Viehweiden, auf den Hängen der Nordseite reiht sich ein Fels an den anderen. Immer aufmerksam hochschauen und sich auch mal umdrehen, um die Queichtalfelsen nicht zu übersehen!

Weiter auf dem Radweg hinein nach Wilgartswiesen.

EXTRA INFOS:

Zum Tourenabschluss kann man sich in Wilgartswiesen im ● **Restaurant Matz Brunnenhof** Pfälzisches und Internationales einverleiben (www.matz-brunnenhof.de).

KM 24

6 Sandsteinbrunnen in Wilgartswiesen
Wassertest

Seit alters her sind Brunnen symbolbeladen, stehen für den Zugang zu einer anderen Welt, für Erfüllung, Liebe und Erkenntnis. Wer einen Sinn für ihre Magie hat, wird in Wilgartswiesen bestens bedient. Mitte des 19. Jahrhunderts wurden in dem heute verkehrsberuhigten Dörfchen drei Laufbrunnen liebevoll in Sandstein gefasst. An zweien kommt man direkt vorbei, der dritte liegt in einer Seitengasse. Auch heute noch holen sich geschmacksbewusste Ortsansässige am schönsten der drei Brunnen, in der Herrengasse, ihr Trink- und Kochwasser. Unbedingt probieren!

Auf dem bereits bekannten Weg hinauf zum Bahnhof.

KM 25 » ZIEL

Bahnhof Wilgartswiesen

Wasserversorgung wie anno dazumal an einem der Wilgartswiesener Brunnen.

Queichtal 5
WEITER BLICK ÜBERS TAL
Sandsteinbrunnen 6
Restaurant Matz Brunnenhof
START & ZIEL
Bahnhof Wilgartswiesen
1 Spirkelbacher Raufels
TOLLER FERNBLICK
IMMER MAL UMDREHEN, UM KEINE FELSEN ZU VERPASSEN!
Fotostopp Luger Geierstein 2
Breiteneck 412
Hahnental
Göckelberg 407
Weidental
Großer Breitenberg 457
Steinberg 364
B 10
Rindsberg 437
Wilgartswiesen
Schloßberg 337
Bavariafels
Großer Rauhberg 377
Erbenbuckel
Spirkelbach
Klingel-Kopf 455
Mühlhalde
Hauenstein
P. 450,2 450
Heischberg 412
Weimersberg 376
Burghalder
Lug
Hornstein 401
Lugbach
Hermannstal
Dimbach
Dimberg 419
Schwanheim
0 1 2 km

AUF EINEN BLICK

- **Start/Ziel:** Bahnhof Wilgartswiesen (ca. 25 Min. ab/bis Landau)
- **Strecke/reine Radelzeit:** 25 km (Rundtour), 2 Std.
- **Höhenmeter:** ↗ 222 m, ↘ 222 m
- **Wegbeschaffenheit:** Durchgehend asphaltierte Radwege.
- **Beste Zeit:** Ganzjährig. Interessant ist vor allem der Frühling wegen der Obstbaumblüte auf den zahlreichen Streuobstwiesen am Wegesrand.
- **Mitnehmen:** Picknick-Rucksack (Gaststätten gibt es nur in Annweiler oder am Ende in Wilgartswiesen).

DIE RADELPAUSEN

» START
Bahnhof Thaleischweiler-Fröschen

KM 8
1 Weihermühle
Espresso am Mühlenweiher

KM 11
2 Wasserfall im Kessel
Duschen wie die Jäger und Sammler

KM 19
3 Kneispermühle
Schlemmen unter Kastanienbäumen

5

RADELN IM WALZERTAKT

Zu den Mühlen im Wallhalbtal

Radeln-Absitzen-Schlemmen. Und noch einmal. Und noch einmal. Eins-zwo-drei, Eins-zwo-drei, Eins-zwo-drei. Gepflegte Restaurants in historischen Mühlen machen's möglich. Zwischendurch als Variante ausprobieren: Radeln-Absitzen-Duschen!

KM 21

4 Wohnplatz der Steinzeitmenschen
Ganz schön anspruchslos

KM 36 » ZIEL

Bahnhof Thaleischweiler-Fröschen

KM 25

5 Landgrafenmühle Wallhalben
Sommersalat und Cocktail

DAS TAL DER WALLHALB …

… inmitten der Sickinger Höhe, der hügeligen Bauernlandschaft zwischen dem Schwarzbachtal und der Pfälzischen Moorniederung, ist Schauplatz dieses Radwalzers. Dass der letzte deutsche Ritter Franz von Sickingen hier sein Herrschaftsgebiet hatte, darauf sind die Einheimischen ein wenig stolz. Und auf ihre Mühlen, in denen über Jahrhunderte Wasserräder die Mahlsteine antrieben, um das von den Höhen zuverlässig gelieferte Korn zu Mehl zu verarbeiten, dem »weißen Gold«.

DER SCHÖNSTE MOMENT: WENN SICH EIN BUNTER SCHMETTERLING AUF DEM FAHRRADLENKER NIEDERLÄSST

Wer heute ins Wallhalbtal kommt, tut dies allerdings nicht in der Erwartung, auf Schritt und Tritt die Mühle am rauschenden Bach klappern zu hören. Zwar dreht sich an einer der sieben Mühlen tatsächlich noch ein hölzernes Wasserrad, zwar wird in zweien noch gemahlen und in einer noch gebacken. Doch das Hauptmotiv der meisten Besucher ist ein anderes: die Schlemmerei in den drei zu Gastbetrieben umfunktionierten Mühlen, der Weihermühle, der Kneispermühle und der Landgrafenmühle. In den historischen Gebäuden und gemütlichen Biergärten lässt sich doch noch so etwas wie Mühlenromantik erleben.

Zwischendurch radelt man auf der straßenabgewandten Seite ganz gemütlich durch das Wallhalbtal und erfreut sich an Feuchtwiesen, Schmetterlingen und dem Rauschen der Erlen. Ein Abstecher führt in die Täler des Schauerbachs und des Odenbachs. Aus gutem Grund, liegt dort doch nicht nur das Ausflugslokal Weihermühle, sondern auch der Kessel, ein zauberhaftes Felsenrund mit einem Wasserfall. Um ehrlich zu sein: Im Sommer müsste man eher von einem Wasserfällchen reden. Für eine Naturdusche reicht's aber!

Schlaue Radelnde kommen im Hochsommer her, denn so viel Baumschatten auf Radwegen gibt es selten, dazu liegt die Temperatur meist um mehrere Grad niedriger als anderswo in der Pfalz. Und so geht es fast ohne Schweißvergießen von Wirtshaus zu Wirtshaus. Die dort angesammelten Kalorien wird man woanders loswerden müssen. «

Hier steckt das Erlebnis im kleinen Detail: Libellen am Schauerbach, wenige Meter vor der Weihermühle.

Manche der historischen Mühlengebäude im Wallhalbtal werden nach und nach immer mehr verfallen.

Was wäre eine Schlemmertour wie diese ohne ein abschließendes Eis?

RADELN & GENIEßEN

START
Bahnhof Thaleischweiler-Fröschen

Der Radweg-Beschilderung Richtung Wallhalben folgen. Im Wallhalbtal verläuft der Weg immer auf der linken Talseite. Nach drei Kilometern zur Weihermühle abzweigen.

Einst eine Mahlmühle, heute ein beliebtes Ausflugsziel: die Weihermühle.

KM 8

Weihermühle
Espresso am Mühlenweiher

Vor über 500 Jahren ließen die Grafen von Leiningen an einer Furt des Schauerbaches eine Mahlmühle und einen Fischweiher anlegen, die Odenbacher Mühle. Die heißt heute Weihermühle und ist ein vielbesuchtes, kinderfreundliches Ausflugsziel mit Kühen, Pferden, Ponyreiten und Spielplatz. Im historischen Mühlengebäude ist das Restaurant Weihermühle untergebracht, im Biergarten schaut man auf die heutige Version des Fischteiches. Und belässt es vorläufig bei einem Espresso – nach dem Felsenkessel kommt man sowieso noch einmal hier vorbei (www.landhotel-weihermuehle.de). Falls die Öffnungszeit gerade nicht passt: Schräg gegenüber liegt eine rustikale Holzhütte, das Biergarten-Restaurant Die Kleine Mühle (www.die-kleine-mühle.de).

Kurz weiter talaufwärts und dann mit der Wanderbeschilderung des Herschberger Wasserschaupfades nach links radeln.

Im Frühsommer reicht das Wasser des Odenbächleins noch für eine Dusche.

Da muss man doch einfach einkehren, im Biergarten der Kneispermühle!

KM 11

2

Wasserfall im Kessel

Duschen wie die Jäger und Sammler

Wie in einem tropischen Dschungel sieht's hier aus: ein feuchtes Halbrund mit einer 75 Meter langen überhängenden Felsenbank, mit Moos und Lianen bewachsen. Der Kessel im Talschluss des Odenbachtals ist einer jener magischen Plätze, die wie geschaffen sind für die kleine Alltagsflucht. Zwei Quellbäche speisen einen Wasserfall, hoch und stark genug, um darunter wie die Kelten zu duschen, die sich in der Gegend niedergelassen hatten. Zuvor werden es wohl über viele Jahrtausende die hier umherstreifenden Jäger und Sammler gewesen sein, die sich an dem kleinen Wasserfall erfreuten.

Auf dem gleichen Weg zurück zur Weihermühle und ins Wallhalbtal. Dort weiter Richtung Wallhalben.

KM 19

Kneispermühle

Schlemmen unter Kastanienbäumen

Die Kneispermühle – ein Bild von einem Biergarten! Mächtige Rosskastanien spenden Schatten, zwischen den Tischen watscheln Gänse umher, Speisen und Getränke werden aus dem schmuck restaurierten Mühlengebäude herausgebracht. Wenige Meter entfernt liegt ein kleiner Teich, der in Trockenzeiten das Mühlrad mit Wasser versorgte. Ein Glück, dass die schon im Jahr 1440 errichtete Kneispermühle nach ihrer Zerstörung im Dreißigjährigen Krieg wieder aufgebaut wurde (www.kneispermuehle.de)!

Noch 1,3 Kilometer Richtung Wallhalben. Dann als Zu-Fuß-Abstecher auf einem Pfad in ein Seitentälchen hinein.

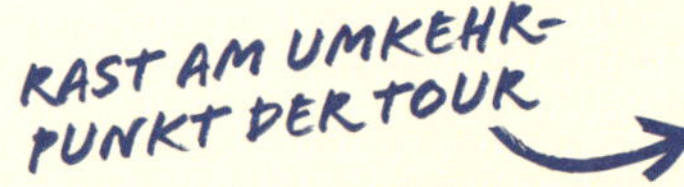

KM 21

Wohnplatz der Steinzeitmenschen

Ganz schön anspruchslos

Wie wär's mit einem Verdauungsspaziergang zwischendurch? Zu einem Felsen, an dem schon vor 600 000 Jahren, am Beginn der Faustkeilzeit, Steinzeitmenschen hausten? Dazu stellt man an einer Wegbiegung kurz hinter der Kneispermühle das Rad ab oder schiebt es ein Stück weit. Ob zu Fuß oder mit dem Rad: Man nimmt das Pfädchen auf der linken Seite eines schmalen Seitentälchens und erreicht nach 300 Metern eine Lichtung mit einer Schutzhütte. Wer jetzt eine große Höhle wie in Steinzeitfilmen erwartet hatte, wird enttäuscht sein: ein kleiner Fels mit einem Überhang, mehr ist da nicht. Bescheidene Menschen, unsere Vorfahren! Vielleicht waren die Jagdgründe der Gegend damals so ergiebig, dass man sich mit diesem unscheinbaren Platz zufriedengab.

Wieder zurück zum Radweg und weiter Richtung Wallhalben.

Eine Schautafel informiert über die Steinzeitfunde an diesem namenlosen Felsen.

Nachmittags kann man sich im Gartenrestaurant der Landgrafenmühle ausruhen.

EXTRA INFOS:

Gut rasten lässt es sich an einem ● **historischen Waschplatz** kurz vor Wallhalben; wo man die Füße im Wasser baumeln lassen und seine Trinkflasche auffüllen kann.

Am Ende der Tour möchte man sich zum Magenschließen vielleicht noch eine kalte Leckerei bei ● **Eis Arco** in Thaleischweiler-Fröschen gönnen. Einfach über die Bahngleise und am Kreisverkehr links.

Eine romantische Übernachtung bietet die **Kneispermühle** (Stopp 3) in drei kleinen Häuschen, die früher als Wirtschaftsgebäude dienten (www.kneispermuehle.de).

KM 25

5 Landgrafenmühle Wallhalben

Sommersalat und Cocktail

KM 36 » ZIEL

Bahnhof Thaleischweiler-Fröschen

Im Zentrum der Gemeinde Wallhalben, die sich gern Mühlendorf nennen lässt, befindet sich die stillgelegte Wallhalber Mühle. Für ihre Wasserversorgung musste ein 2,5 Kilometer langer Graben errichtet werden, der noch heute zu sehen ist. In der angeschlossenen Bäckerei wird wie eh und je Sauerteigbrot nach alter Familientradition gebacken. Am nördlichen Ortsrand, an der Straße nach Labach-Knopp, steht die Landgrafenmühle. Gepflegt speisen oder im Biergarten sitzen kann man im Restaurant Katz – die Mühle hieß früher Katzenmühle (www.katz-restaurant.de). In der Landbar nebenan geht es eher um Pizza und um verführerische Cocktails mit Namen wie Moscow Mule, Blauer Hugo oder Cosmopolitan (www.land-bar.de).

Auf dem bereits bekannten Weg zurück durchs Wallhalbtal.

Ein exquisiter Platz für Hochzeitspaare der Sickinger Höhe: Die Traukammer im Gebäude der Landgrafenmühle.

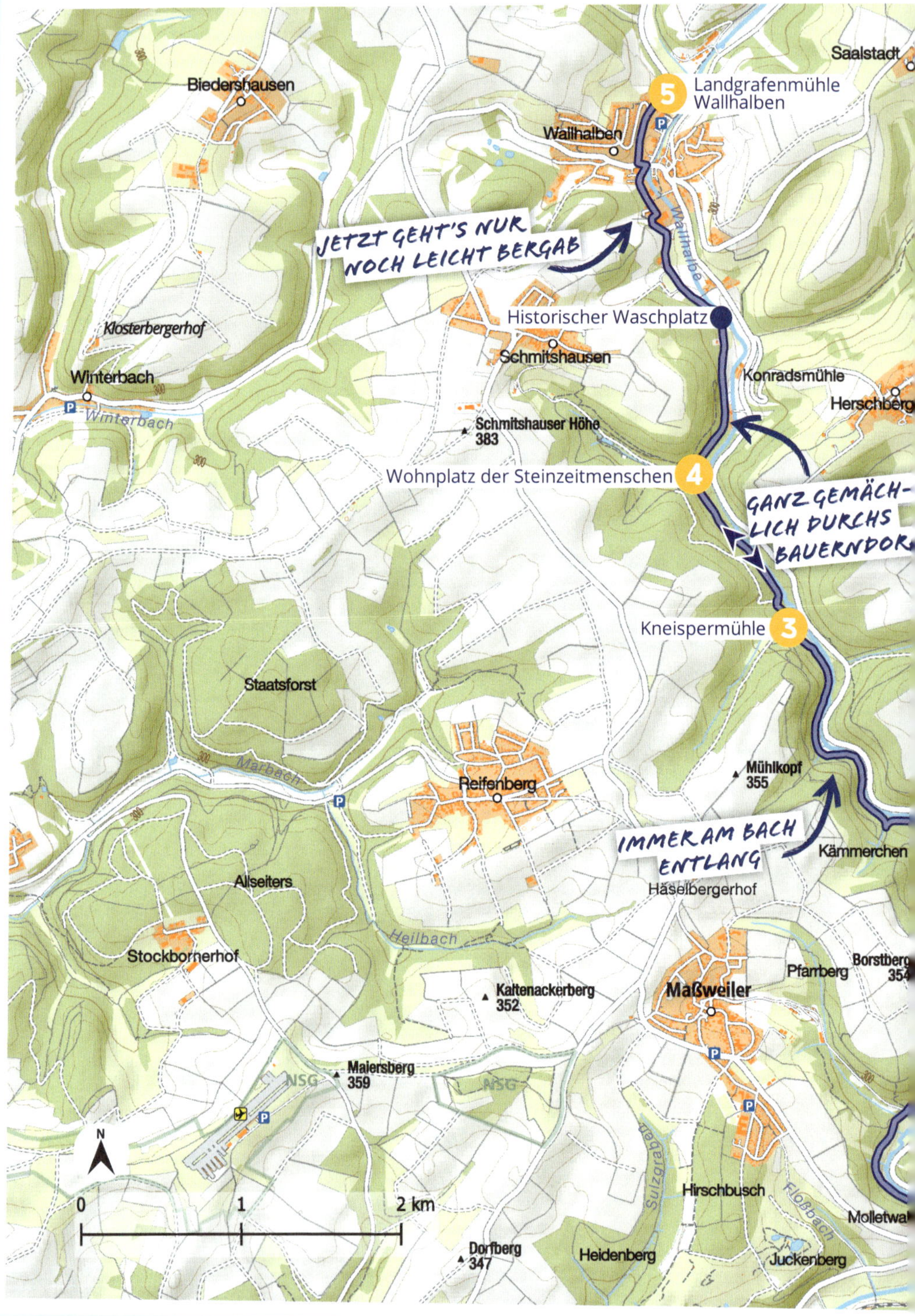

Saalstadt
Landgrafenmühle Wallhalben
5
Biedershausen
Wallhalben
Wallhalbe
JETZT GEHT'S NUR NOCH LEICHT BERGAB
Historischer Waschplatz
Klosterbergerhof
Schmitshausen
Winterbach
Konradsmühle
Herschberg
Winterbach
Schmitshauser Höhe 383
Wohnplatz der Steinzeitmenschen
4
GANZ GEMÄCH-LICH DURCHS BAUERNDOR
Kneispermühle
3
Staatsforst
Marbach
Mühlkopf 355
Reifenberg
IMMER AM BACH ENTLANG
Kämmerchen
Allseiters
Häselbergerhof
Heilbach
Stockbornerhof
Pfarrberg
Borstberg
Kaltenackerberg 352
Maßweiler
Maiersberg 359
NSG
NSG
Sulzgraben
Hirschbusch
Floßbach
Molletwa
0
1
2 km
Dorfberg 347
Heidenberg
Juckenberg

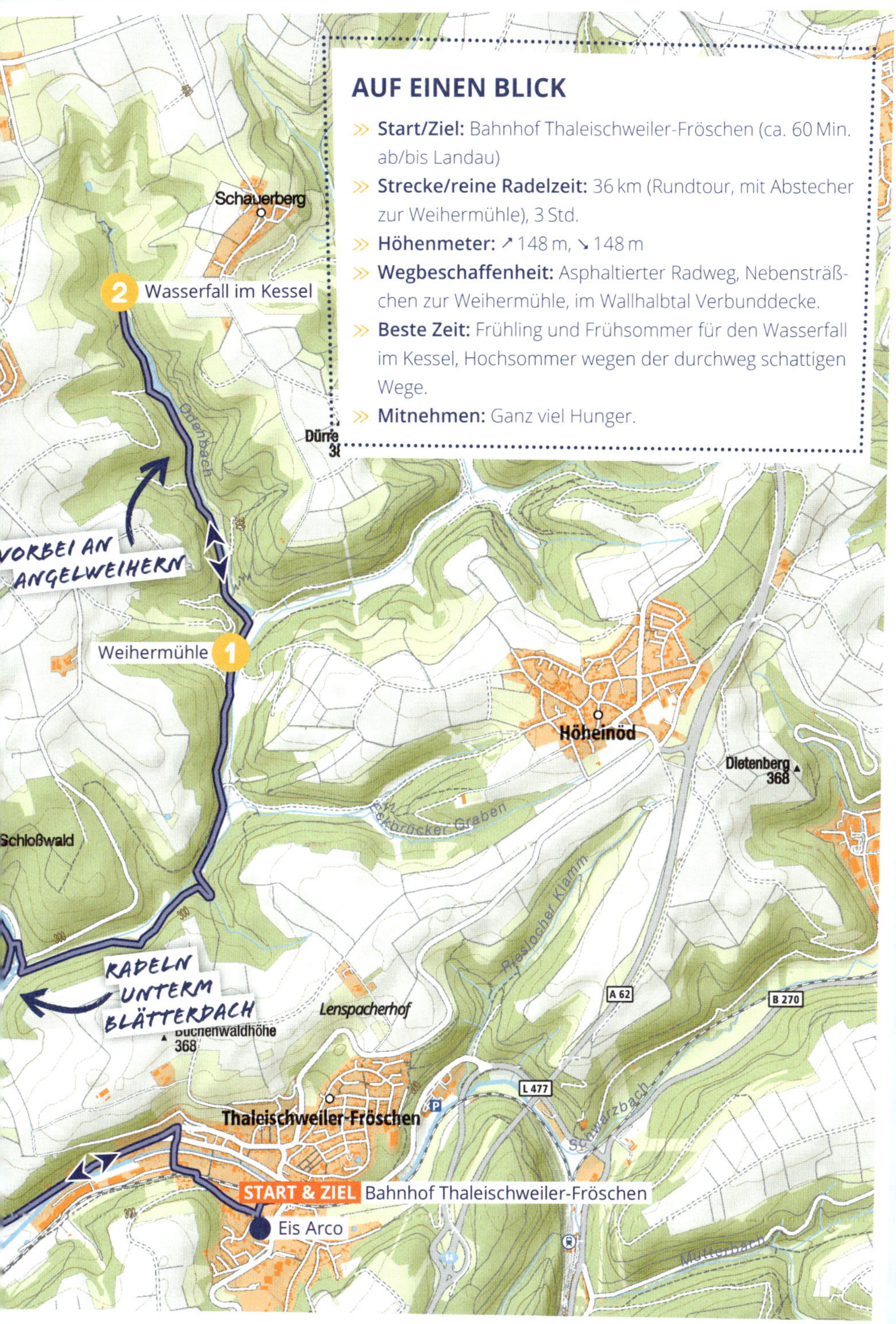

AUF EINEN BLICK

- » **Start/Ziel:** Bahnhof Thaleischweiler-Fröschen (ca. 60 Min. ab/bis Landau)
- » **Strecke/reine Radelzeit:** 36 km (Rundtour, mit Abstecher zur Weihermühle), 3 Std.
- » **Höhenmeter:** ↗ 148 m, ↘ 148 m
- » **Wegbeschaffenheit:** Asphaltierter Radweg, Nebensträßchen zur Weihermühle, im Wallhalbtal Verbunddecke.
- » **Beste Zeit:** Frühling und Frühsommer für den Wasserfall im Kessel, Hochsommer wegen der durchweg schattigen Wege.
- » **Mitnehmen:** Ganz viel Hunger.

DIE RADELPAUSEN

>> START
Bahnhof Bundenthal

KM 4

1 Brauntalweiher
Froschkonzert

KM 13

Klosterweiher
Still ruht der See?

KM 20

Sägmühlweiher
Exquisites Badevergnügen

6 SEELEN-WASSER

Zwischen Bundenthal und Ludwigswinkel

Dorthin radeln, wo die Uhren anders gehen. Ins Sauertal nahe der französischen Grenze, einem verträumten Fleckchen Erde, das von den Einheimischen liebevoll »In de Hecke« genannt wird. Und an verträumten Woogen einmal die Zeit vergessen.

KM 21

4 Rösselsweiher
Besuch beim Graureiher

KM 23

5 Area One
Ein wenig Gruseln

KM 38

6 Rumbach
Fachwerk und Flammkuchen

KM 40 » ZIEL

Bahnhof Bundenthal

FRÜHMORGENS AN EINEM STILLEN WOOG …

Sanft wiegt sich das Schilf in der kühlen Brise, unbewegt ruht der See, nur Wasserläufer huschen über die spiegelglatte Wasseroberfläche. Plötzlich ein leises Platschen, mit einem weiten Satz hat sich ein Frosch ins Wasser geflüchtet. Auch eine Ringelnatter ist aufgeschreckt und schlängelt sich mit erhobenem Köpfchen ans andere Ufer. Dann wieder Stille.

Ein halbes Dutzend solcher Seelengewässer liegen an dieser Radroute. Zum ersten, dem Brauntalweiher, kommt man auf der Trasse einer Kleinbahn, die von 1921 bis 1930 von der französischen Besatzungsmacht wirtschaftlich und militärisch genutzt wurde. Für den öffentlichen Personenverkehr galt die Vorschrift »Blumenpflücken während der Fahrt verboten«. Gemütliche Zeiten!

DER SCHÖNSTE MOMENT: GEMÄCHLICH INS SAUERTAL HINUNTERROLLEN UND DEN FAHRTWIND SPÜREN

An einer Passhöhe hat man dann das Sauertal vor sich: ausgedehnte Wiesen vor eleganten Bergsilhouetten, kein Haus weit und breit. Spätestens hier beginnt die große Entschleunigung. Das Rad rollt von alleine, jetzt noch kräftig in die Pedale zu treten wäre ein Ausdruck höchster Unvernunft.

Unten im Tal wird auf einer eleganten Holzbrücke eine weite Talaue überquert, der Königsbruch. Am Rande des Naturschutzgebiets liegt das Biosphärenhaus, das Informations- und Erlebniszentrum des Naturparks Pfälzerwald-Nordvogesen. Vormerken für ein anderes Mal, heute ist Wassermeditation und Ruhe angesagt! Am Badesee Saarbacher Hammer vorbei radelt man deshalb gleich zum Ludwigswinkeler Sägmühlweiher. Hier nicht in das samtweiche Moorwasser zu springen – möglich, aber sinnlos.

Dann geht es hinein in den Märchenwald. Mit üppigen Farnen und Moosen, mit Himbeeren, duftendem Kiefernwaldboden und dem weltfernen Rösselsweiher. Wer dort nicht zur Ruhe kommt, schafft es nirgends. Keine Viertelstunde weiter aber ein wohlig-schauriger Schock, denn mitten im Wald trifft man auf die Überbleibsel der Area One, eines Sonderwaffenlagers der US-Armee. Doch danach wird es wieder ganz friedlich, wenn man für den Rückweg die bereits bekannte Route nimmt. Wie anders doch die Welt so herum aussieht! «

Bei Fischbach führt ein Wasser-Erlebnisweg direkt an der Sauer entlang – mit Erlebnisstationen und allerlei Getier.

Dreigangschaltung, Rücktrittbremse, Dynamo für die Lampe. Ging auch.

Noch mehr Nostalgie am Bahnhof von Bundenthal: eine 1967 ausrangierte Denkmal-Dampflok vom Typ Skoda 1435 500.

RADELN & GENIEẞEN

Bahnhof Bundenthal

Richtung Fischbach auf den Sauertal-Radweg. Einen Kilometer hinter Rumbach macht der Radweg an einem ehemaligen Bahndamm einen abrupten Rechtsschwenk. Dort für den Abstecher zum Brauntalweiher den Radweg verlassen und geradeaus noch einen Kilometer weiter ins Tal hinein.

Wenn der Mensch nicht eingreift, wird der Brauntalweiher nach und nach verlanden.

Brauntalweiher

Froschkonzert

Mehr als 1000 Wooge gibt es im Pfälzerwald, künstlich aufgestaute Teiche, die früher vor allem Wasser für die Holztrift oder den Betrieb von Mühlen lieferten. Heute dienen sie meist als Angel- oder Badeweiher oder einfach als willkommene Abwechslung im Grün der Wälder. Hier im Süden des Dahner Felsenlandes liegen sie häufig in weiten Tälern mit licht bewaldeten Sümpfen, die von markanten Mittelgebirgsgipfeln umgeben sind. Der Brauntalweiher teilt das Schicksal vieler dieser Wooge: Da der Zufluss oft schwächelt, schrumpft er immer mehr. Noch aber kann man im Frühsommer ekstatische Froschkonzerte erleben.

Zurück und links auf dem Radweg ins Sauertal. Kurz vor Fischbach zum Biosphärenhaus abbiegen. Dieses links liegen lassen und hinter einem Bauerngebäude mit Hofladen sofort links ins Spießwoogtal.

Wie die meisten Pfälzerwald-Wooge wurde auch der Klosterweiher künstlich aufgestaut.

KM 13

2 Klosterweiher
Still ruht der See?

Mitten im Spießwoogtal, einem Seitental des Sauertals, erstreckt sich der Klosterweiher. Eigentlich handelt es sich dabei um zwei Wooge. Ein Steg führt zwischen beiden hindurch und ist der ideale Platz, um das Leben am und im Wasser zu beobachten. Gleich dahinter kann man eine hölzerne Aussichtsplattform besteigen, das Schneckenhaus, und sich einen Rundumblick über die weite Tallandschaft und die Kegelberge ringsherum verschaffen. Danach auf dem Programm: Wassertreten im Kneipp-Becken nebenan!

Vom Schneckenhaus linkshaltend am Kneipp-Becken vorbei zum Biosphärenhaus und weiter nach Fischbach. Dem Radweg nach Ludwigswinkel folgen, aber nicht in den Ort abbiegen, sondern geradeaus weiter zum Freizeitpark Birkenfeld. Am Barfußweg entlang zum Damm des Sägmühlweihers.

Morgens ist man auch im Hochsommer oft der einzige Badegast hier.

KM 20

3 Sägmühlweiher
Exquisites Badevergnügen

Am Ortsrand von Ludwigswinkel – 1783 von Landgraf Ludwig IX. von Hessen-Darmstadt zur Erholung seiner in Pirmasens stationierten Soldaten gegründet – liegt der wohl schönste Badeweiher der Gegend, der langgestreckte Sägmühlweiher. Für Badegäste gilt ein Kuriosum: Nachdem eine Anwohnerin über Jahre hinweg wegen Ruhestörung durch Badende gegen die Gemeinde geklagt hatte, fällte die letzte Instanz ein salomonisches Urteil. Gleichzeitig dürfen nie mehr als zehn Personen im Wasser sein – was schon zuvor kaum je der Fall war. Ein besonders hübscher Badeplatz befindet sich hinter dem Hotel Rösselsquelle am nördlichen Ufer.

Von dort ohne Wegweiser der Wohnstraße Am Sägmühlweiher folgen, kurz links und im Wald rechts in einen sandigen Waldweg abbiegen. Nach 300 Metern gut aufpassen: Links führt ein unscheinbarer Pfad zum Rösselsweiher.

KM 21

4 Rösselsweiher

Besuch beim Graureiher

Was für ein Prachtexemplar von Woog, der Rösselsweiher im Naturschutzgebiet Rösselsweiher-Rohrweiher! Oft sitzen Graureiher in den Wipfeln der Kiefern. Beim ersten Störgeräusch fliegen sie allerdings meist davon. Deshalb bleibt man am besten ganz ruhig am Ufer sitzen, beobachtet den Weiher und hofft auf ihre Rückkehr. Wer nicht genug von der Natur bekommt, lässt dann noch das Rad stehen und macht einen etwa zwanzigminütigen Spaziergang zur Rösselsquelle. Der landschaftlich ergiebige Abstecher lohnt auch des köstlichen Pfälzerwald-Wassers wegen, mit dem man seine Trinkflasche auffüllen kann.

Konzentration beim Weiterfahren: Man überquert den Weiherdamm, folgt einem Schotterweg kurz nach links und hält sich dann an die rechts aufwärts führende Radweg-Beschilderung.

Am Rösselsweiher. Wer hier nicht zur Ruhe kommt, schafft es nirgends.

Ein Lost Place, der Wachtturm des Sonderwaffenlagers. Herumstreunen erlaubt!

KM 23

5 Area One

Ein wenig Gruseln

Zunächst ohne es zu merken, radelt man nun durch das ehemalige US-Camp Fischbach, das von 1956 bis 1994 ein bedeutender pfälzischer Schauplatz des Kalten Krieges war – wie man heute weiß, wurden hier Atomsprengköpfe gelagert. Dann aber doch ein spektakuläres Relikt: Der Radweg führt direkt zum ehemaligen Hochsicherheitsbereich, der Area One. Das Gelände ist frei zugänglich, sehr gut gestaltete Schautafeln informieren über die militärischen Details (mehr dazu unter www.ig-area-one.de). Unbedingt eine Fahrradrunde entlang der 19 Bunker drehen! Und dann noch durch die Ruine des Wachgebäudes mit dem Tower streifen. Meist ist man dabei ganz allein – Gruselstunde.

An Petersbächel vorbei geht es nun nach Fischbach und auf dem Hinweg zurück Richtung Bundenthal.

KM 38

6 Rumbach

Fachwerk und Flammkuchen

Wer hätte nach einer solchen Radtour keinen Kalorienbedarf? Da kommt ein würziger Flammkuchen, die Pizza der Pfälzer, Elsässer und Lothringer, gerade recht. Den gibt es im lauschigen Wirtshaus Zum Salztrippler (www.zumsalztrippler.de). Anschließend lohnt ein Bummel durch die verkehrsberuhigte Dorfstraße des ehemaligen Waldbauerndorfes, vorbei an Plätscherwasser, Fachwerkhäusern und Bauerngärten zur Christuskirche, einer romanischen Wehrkirche aus dem elften Jahrhundert, die lange Zeit das Ziel von Sankt-Gangolfs-Pilgern war.

Weiter auf dem Radweg.

Ein uriger Tourenabschluss: Das Wirtshaus Zum Salztrippler in Rumbach.

EXTRA INFOS:

Einen ersten Imbiss kann man im ● **Bistro des Biosphärenhauses** zu sich nehmen (www.biosphaerenhaus.de/biosphaerenhaus/restaurant), einen zweiten am Kiosk des Freizeitparks Birkenfeld vor Ludwigswinkel.

Einmal ganz anders übernachten kann man auf dem ● **Baumwipfelpfad des Biosphärenhauses** (www.biosphaerenhaus.de). Hoch über dem Boden, mit Isomatte und Schlafsack. Aufregende Wald-Geräuschkulisse inklusive.

Schöne Freisitzplätze und eine vielseitige Speisekarte bietet in Ludwigswinkel das ● **Gasthaus Zum Landgrafen** (www.zumlandgrafen.de).

Ein prima ● **Picknickplatz** auf der Rückfahrt: Auf der Passhöhe zwischen Sauertal und Brauntal steht neben dem Stundenstein, einem Postmeilenstein aus dem Jahr 1816, eine Sitzgruppe mit Aussicht ins Sauertal.

KM 40 » ZIEL

Bahnhof Bundenthal

SALZTRIPPLER – SO NENNEN SICH DIE RUMBACHER SELBST

AUF EINEN BLICK

- **Start/Ziel:** Bahnhof Bundenthal (ca. 30 Min. mit der Wieslauterbahn ab/bis Hinterweidenthal, nur samstags, sonntags und an Feiertagen)
- **Strecke/reine Radelzeit:** 40 km (Rundtour mit Schleife), 3 Std.
- **Höhenmeter:** ↗ 204 m, ↘ 204 m
- **Wegbeschaffenheit:** Asphaltierter Radweg, teilweise Feinschotter oder Verbunddecke, innerorts Straße, am Rösselsweiher Waldboden.
- **Beste Zeit:** Juni bis September wegen der vielen Badegelegenheiten.
- **Mitnehmen:** Badezeug.

Bruchweiler-Bärenbach
START & ZIEL Bahnhof Bundenthal
Bundenthal
Rumbach 6
Picknickplatz am Stundenstein
1 Brauntalweiher
BAHNTRASSE MIT SKURRILER GESCHICHTE
PLÖTZLICH DIESER WEITE BLICK!
AUF EINER HOLZBRÜCKE QUER ÜBERS TAL
Deutschland
Frankreich
Schönau (Pfalz)
Nothweiler
Hirschthal
Château de Fleckenstein
Col du Schaufelshald
Col du Litschhof
Maison Forestière du Litschhof

DIE RADELPAUSEN

START
Bahnhof Enkenbach-Alsenborn

KM 6
1 Billesweiher
Sich vom Schilf verzaubern lassen

KM 8
2 Schlosskirche Neuhemsbach
Rasten unterm Zwiebelturm

KM 11
3 Retzberghütte
Schlemmen im Naturschutzgebiet

DAS RUNDE DUTZEND 7

Zwölf-Seen-Tour bei Enkenbach-Alsenborn

Rekorde – so etwas braucht beim Genussradeln kein Mensch. Ist es aber nicht doch ein bisschen reizvoll, wenn sich zu einer schönen Landschaft noch ein Superlativ gesellt, so wie auf dieser Tour am Nordrand des Pfälzerwaldes?

KM 14

4 Pfrimmerhof
Cocktail am Campingweiher

KM 30 » ZIEL
Bahnhof Enkenbach-Alsenborn

KM 26

5 Schwarzweiher
Picknick am Industriedenkmal

ABSEITS DER TOURISTISCHEN HAUPTROUTEN DER PFALZ, ...

... dort, wo der Pfälzerwald an die Donnersberg-Region stößt, entspringen die zwei für diese Radtour entscheidenden Flüsschen: die dem Rhein bei Worms entgegenstrebende Pfrimm und die Alsenz, ein Nebenfluss der Nahe.

Wasser gibt es also genug, um einen Seenrekord aufzustellen. Das Obere Pfrimmtal steuert dazu vier verschwiegene Waldweiher bei, die Pfrimmtalseen. Gleich sechs idyllische Gewässer, die Schwarzweiher, reihen sich in einem Seitental des Alsenztals aneinander. Dazwischen schmuggelt sich ein Fremdling, der Badeteich eines kleinen Campingplatzes. Den Beginn der Seen aber macht der Billesweiher, ein – so scheint es – völlig naturbelassenes Schilfgewässer. Doch auch hier hat der Mensch seine Finger im Spiel, denn der See wurde wie alle anderen auf dieser Tour künstlich aufgestaut.

DER SCHÖNSTE MOMENT: AM RETZBACHWEIHER ENTLANGRADELN UND DIE SEEROSEN BEWUNDERN

Nach einem Wechsel von Wald- und Wiesenpassagen und einem überraschenden Kirchen-Intermezzo geht es hinein in das Naturschutzgebiet Sippersfelder Weiher. Stunden könnte man zubringen in dieser weitläufigen Tallandschaft mit ihren schilfgesäumten Seen, den tiefgrünen Sümpfen und den geheimnisvollen Erlenbrüchen!

Dann rückt der massige Donnersberg ins Blickfeld. Streuobstwiesen, Äcker und Viehweiden lösen den Wald ab. Hinter Sippersfeld saust man nach einem strammen Anstieg schwungvoll die Kurven ins Alsenztal hinunter. Noch eine entspannte Talradelei und man hat die zur Energieversorgung eines frühen Industriebetriebs angelegten und doch so romantischen Schwarzweiher erreicht.

Auf dem Rückweg nach Enkenbach wird man in Gedanken noch einmal die vielen Seen Revue passieren lassen und schauen, ob man die zwölf Gewässer auch wirklich zusammenbekommt. Vielleicht ist man gedanklich auch ganz woanders – beim Fußball, denn dies ist Fritz-Walter-Land. Der Kapitän der 1954er-WM-Elf spielte sein ganzes Fußballerleben im nahen Kaiserslautern und wohnte bis zu seinem Lebensende in Alsenborn, dem Dorf, das zu Beginn dieser Tour durchradelt wurde. «

Ein gut ausgebauter Radweg führt an der Kette der Schwarzweiher bei Enkenbach entlang.

Der Billesweiher bei Neuhemsbach eröffnet den Seenreigen dieser Tour. Elf weitere werden folgen.

Pferdespaß an einem der vier abgeschiedenen Pfrimmtalseen im Naturschutzgebiet Sippersfelder Weiher.

RADELN & GENIEßEN

START

Bahnhof Enkenbach-Alsenborn

Mit der Radweg-Beschilderung nach Alsenborn, hinter der Kirche geradeaus weiter in die Burgstraße, links auf den Radweg Richtung Winnweiler und an der Alsenzquelle vorbei zum Ortsrand. Auf einer Landstraße Richtung Ramsen, nach Neuhemsbach abbiegen und an einem Wanderparkplatz rechts zum Billesweiher.

Völlig von Schilf und Röhricht umgeben ist der Billesweiher.

BILLESWEILER – EINSTIMMUNG AUF DIE SEEN

Lauschige Rastplätze wie diesen gibt es auf dieser Tour mehrmals.

KM 6

Billesweiher

Sich vom Schilf verzaubern lassen

Erst einmal entschleunigen! Denn auf dem wenig befahrenen Sträßchen zwischen Alsenborn und Sippersfeld war man gut ins Rollen gekommen. Am Billesweiher aber sollte man fast auf Fußgängertempo runtergehen. Vielleicht nutzt man gleich die erste hölzerne Sitzgruppe am Ufer, um sich auf den Seentag einzustimmen. Ruhig im Schatten rasten kann man auch an der Quelle des bescheidenen Zuflusses oder an einem Picknickplatz am Nordufer des Sees. Wo auch immer: Am Billesweiher ist der Mensch zurückhaltender Gast, hier wird weder gebadet noch geangelt, hier lässt man sich ganz auf die Natur ein. Wie das Schilf in der leichten Morgenbrise rauscht!

Auf einem Ascheweg gegen den Uhrzeigersinn um den Weiher herum, weiter auf der Landstraße nach Neuhemsbach und hinauf zur Kirche.

Die Schlosskirche überragt mit ihrem Zwiebelturm das Dörfchen Neuhemsbach.

KM 8

2 Schlosskirche Neuhemsbach

Rasten unterm Zwiebelturm

Nanu, ist man unversehens im Allgäu gelandet? Sanfte Hügel, Wiesen, Kühe und mittendrin, auf einem Berghang, diese Kirche mit ihrem schon von Weitem sichtbaren sechseckigen Zwiebelturm, zu ihren Füßen ein stilles Dörfchen. Neuhemsbach heißt die 900-Seelen-Gemeinde, Schlosskirche das denkmalgeschützte Barockbauwerk. Ursprünglich stand an ihrem Platz die Kapelle eines Schlosses der Grafen von Sayn-Wittgenstein-Homburg. Nachdem das Schloss während der Französischen Revolution fast völlig zerstört wurde, funktionierte man den noch erhaltenen 35 Meter hohen Schlossturm kurzerhand zum Glockenturm des neuen Kirchenbaus um. Ein guter Platz für den ersten Müsliriegel! Schatten spendet der Zwiebelturm.

Hinunter ins Unterdorf, auf einer Landstraße Richtung Sippersfeld bis zum Wanderparkplatz Retzbergweiher. Dort hinter einer Schranke links zum Weiher.

KM 11

3 Retzberghütte

Schlemmen im Naturschutzgebiet

Anders als ihr Name vermuten lässt, liegt die Retzberghütte (www.retzberghuette.de) nicht hoch oben, sondern direkt am Ufer des größten Gewässers im naturgeschützten Oberen Pfrimmtal, dem Retzbergweiher oder Sippersfelder Weiher. Falls es jemand genau wissen will: Mühlenweiher, Krebsweiher und Steigerweiher heißen die anderen. Zum Kulinarischen: Erstaunlich, was in der kleinen Holzhütte alles gezaubert wird! Natürlich muss es an solch einem Ort Pfälzer Traditionsküche geben. Es sind aber auch zeitgemäße Gerichte auf der Speisekarte zu finden, etwa frische Salate, der Riesen-Pälzer-Börger und freitags wechselnde Fischgerichte. Und dazu dieser Blick aufs Wasser!

Von der Hütte über den Weiherdamm, links auf den Schotterweg und in einem Rechtsbogen zum obersten Pfrimmtalsee. Dort links über den Damm und abermals links an zwei weiteren Weihern vorbei talabwärts zum Pfrimmerhof.

Noch hat die Küche der Retzberghütte nicht geöffnet. Dann verkürzt man sich eben die Wartezeit mit einem kühlen Getränk.

Die ehemalige Hetschmühle beherbergt heute einen schicken Landgasthof.

KM 14

4

Pfrimmerhof

Cocktail am Campingweiher

Für langjährige Gäste gewöhnungsbedürftig, für neue kein Problem: Aus dem früheren Camping Pfrimmerhof wurde das Naturresort Waldglück (naturresort-waldglueck.de), aus dem ehemaligen Landgasthof Hetschmühle der Landgasthof Waldglück. Der Campingplatz mit seinen dezent in die Naturumgebung eingebetteten Stellplätzen firmiert jetzt als Ecocamping. Wie wär's an dieser Stelle mit einem coolen Drink im schicken Waldcafé? Und danach bietet sich doch noch ein Sprung in den Schwimmteich des Resorts an.

Auf einem Sträßchen hinunter zur Landstraße und links nach Sippersfeld. Auf der Straße Richtung Langmeil zu einer Passhöhe, hinunter nach Gonbach und weiter nach Münchweiler an der Alsenz. Dort dem Radweg Richtung Enkenbach folgen, rechts zu den Schwarzweihern abbiegen und bis zum vierten Weiher.

Und abermals ein lauschiger Rastplatz – am Badeteich des Naturresorts Waldglück.

KM 26

5 Schwarzweiher
Picknick am Industriedenkmal

Seerosenteppiche auf grünen Wasserflächen, Schilfröhricht, Zwergbinsen und Erlen am grünen Ufer, Schwäne, Enten und Reiher. Wer könnte da gleich auf den Gedanken kommen, dass es sich bei den sechs Schwarzweihern nicht nur um ein Naturidyll, sondern auch um ein Industriedenkmal handelt? Die gemauerten Dämme und Überläufe allerdings verraten den industriellen Hintergrund. Der Eisenbaron von Gienanth war es, der zu Beginn des 19. Jahrhunderts die Teiche anlegen ließ. Für sein Eisenhammerwerk weiter unten im Alsenztal brauchte er ein Wasserreservoir, falls das Flüsschen im Sommer zu wenig Wasser zum Antreiben der Maschinen führte. Nach dem Ende der Eisenzeit wurde der vierte Weiher zum Badweiher, es gab dort sogar Badekabinen. Schwimmen ist heute verboten, der See gehört den Anglern und Picknickfreunden.

Vom Picknickplatz weiter auf der rechten Talseite und auf einem Waldweg bis zum Sträßchen zwischen Enkenbach und Mehlingerhof. Links nach Enkenbach und an der Kirche linkshaltend zum Bahnhof.

EXTRA INFOS:

Wer nach den Schlemmerstopps im Oberen Pfrimmtal immer noch Hunger hat, kann sich am Ortsausgang von Münchweiler an der Alsenz in der Gartenwirtschaft des ● **Hotel-Restaurants Klostermühle** verwöhnen lassen (www.klostermuehle.com).

Rustikaler ist die Einkehr in der ● **Fischerhütte** am zweiten Schwarzweiher. Dort heißt das Motto »Von der Angel direkt auf den Tisch«, wenn es frisch geräucherte Forellen gibt.

Zünftig übernachten kann man in den Chalets und Mini-Holzhäusern des ● **Naturresorts Waldglück** – mit Badeteich vor der Haustür (naturresort-waldglueck.de).

KM 30 » ZIEL

Bahnhof Enkenbach-Alsenborn

Baden darf man nicht mehr am vierten See der Schwarzweiher-Kette. Aber einen prima Picknickplatz gibt es hier.

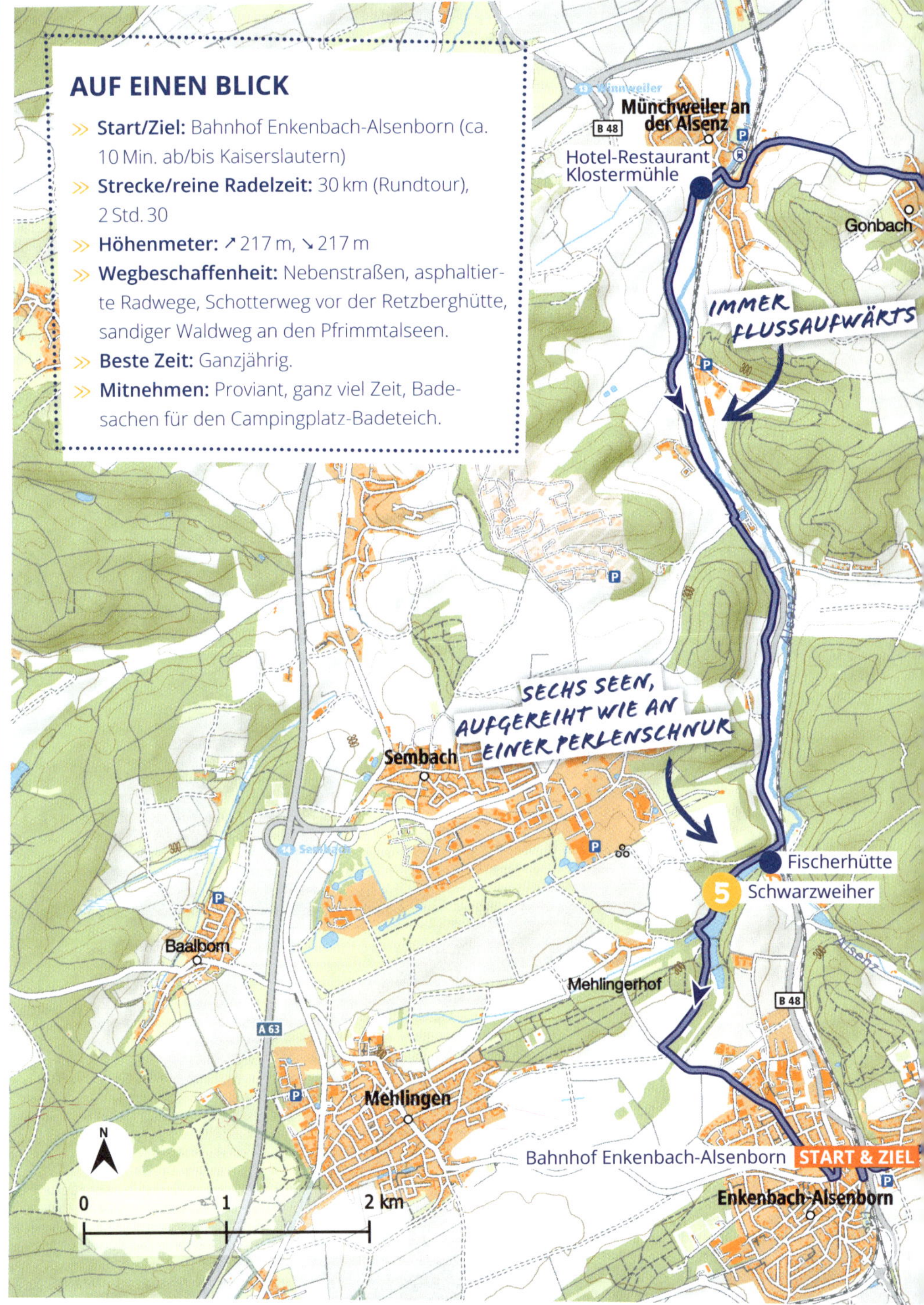

AUF EINEN BLICK

- **Start/Ziel:** Bahnhof Enkenbach-Alsenborn (ca. 10 Min. ab/bis Kaiserslautern)
- **Strecke/reine Radelzeit:** 30 km (Rundtour), 2 Std. 30
- **Höhenmeter:** ↗ 217 m, ↘ 217 m
- **Wegbeschaffenheit:** Nebenstraßen, asphaltierte Radwege, Schotterweg vor der Retzberghütte, sandiger Waldweg an den Pfrimmtalseen.
- **Beste Zeit:** Ganzjährig.
- **Mitnehmen:** Proviant, ganz viel Zeit, Badesachen für den Campingplatz-Badeteich.

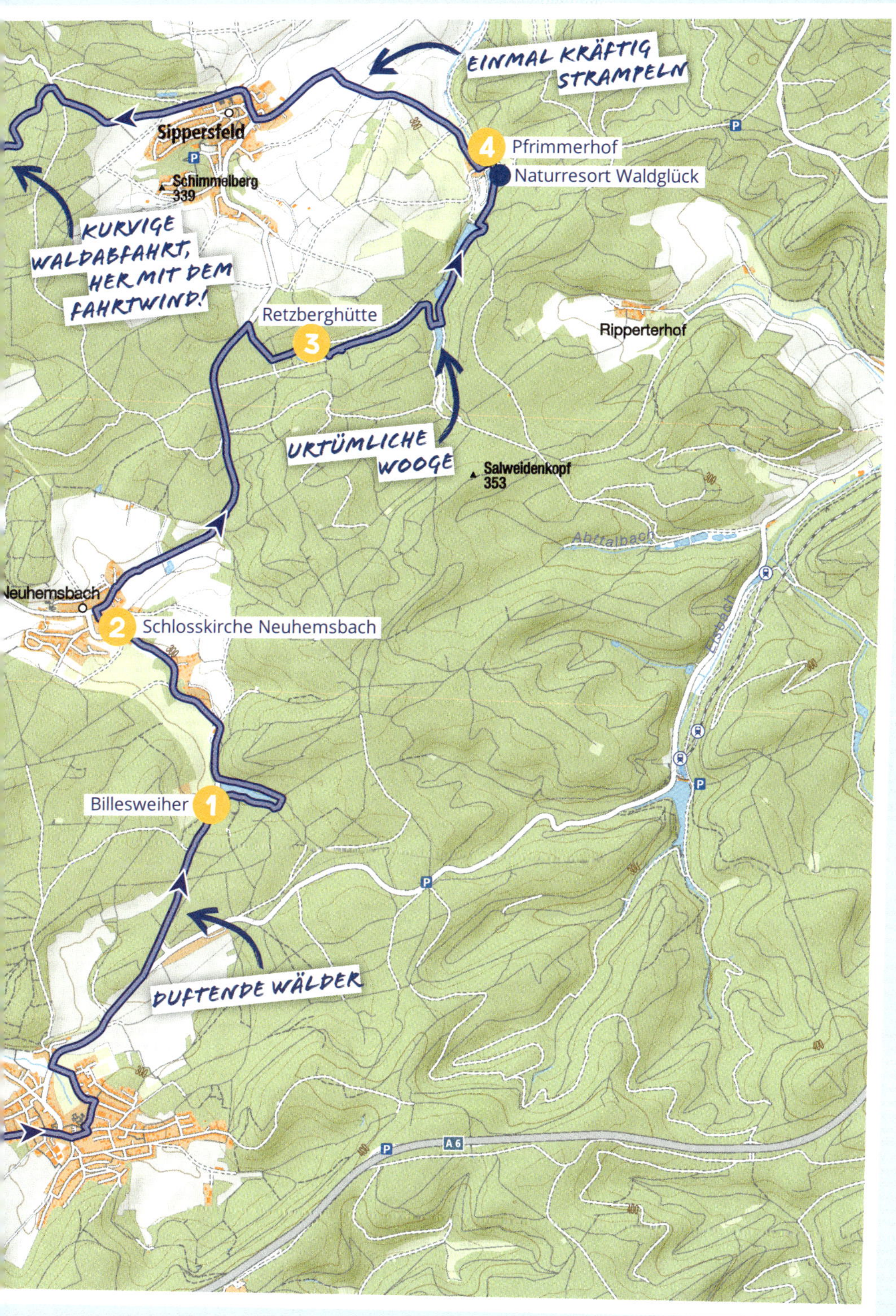

EINMAL KRÄFTIG STRAMPELN
Sippersfeld
Schimmelberg 339
4 Pfrimmerhof
Naturresort Waldglück
KURVIGE WALDABFAHRT, HER MIT DEM FAHRTWIND!
3 Retzberghütte
Ripperterhof
URTÜMLICHE WOOGE
Salweidenkopf 353
Abtfalbach
Neuhemsbach
2 Schlosskirche Neuhemsbach
1 Billesweiher
DUFTENDE WÄLDER
A 6

DIE RADELPAUSEN

START
Bahnhof Waldfischbach

KM 8
1 Clausensee
Tretbootpause

KM 10
2 Schwarzbach-Oberlauf
Spaziergang im Bach

KM 12
3 Rastplatz am Schwarzbach
Da, eine Forelle!

8 BIS ANS ENDE DER WELT

Von Waldfischbach ins obere Schwarzbachtal

Tiefer kann man kaum in den Pfälzerwald eindringen als bei dieser Tour entlang des kristallklaren Schwarzbachs. Kein einziges Dorf auf einer Länge von 16 Kilometern, Menschen nur am Badeweiher Clausensee. Danach: Waldeinsamkeit pur.

KM 15

4 Schutzhütte Falkensteigereck
Den Wald belauschen

KM 16

5 Ramschelweiher
Hier gafft nur der Bussard

KM 19

6 Burgalbquelle
Den Schwarzbach-ursprung erkunden

KM 38 » ZIEL
Bahnhof Waldfischbach

HOLZLAND ...

... wird die Gegend zwischen Waldfischbach-Burgalben und der Höhensiedlung Johanniskreuz genannt. Ein treffender Name, floriert hier doch seit Jahrhunderten die Holzwirtschaft dank prächtiger Mischwälder und reichlich Wasser für die Lagerung und das Triften des wertvollen Rohstoffs. Entwässert wird das Holzland vom Schwarzbach, der westwärts der Mosel entgegenströmt.

DER SCHÖNSTE MOMENT: WENN BEIM PRITSCHELN EINE FORELLE VORBEIZISCHT

Durch das Schwarzbachtal wurde schon zur Römerzeit Salz transportiert. Harte Arbeit! Wer heute herkommt, hat dagegen Freizeit und Erholung im Sinn. Denn auch wenn es am Westrand des Pfälzerwaldes nicht die typischen Burgen, Felskolosse und Hütten gibt – an Abwechslung mangelt es keineswegs: Schwimmen, Sonnenbaden, Tretbootfahren, Stand-up-Paddeln am Clausensee. Oder etwas ausgefallener: Bachwaten, Pritscheln, in den eiskalten Ramschelweiher springen weiter oben im Tal.

Am Beginn des Radweges ein prüfender Blick in den Schwarzbach. Nomen est omen? Im Gegenteil. Keine Spur von Schwarz, klarer kann ein Bach nicht sein. Nach einer Warmradelstrecke am Waldrand der erste Höhepunkt, der für hiesige Verhältnisse durchaus belebte Clausensee. Jetzt schon Badefreuden genießen oder diese doch für den Rückweg aufheben, wenn die Nachmittagssonne besonders schön auf dem Wasser glänzt?

Nur einen Katzensprung entfernt geht es endgültig hinein in die Waldeinsamkeit. Menschen begegnet man jetzt kaum noch. Autogeräusche? Lichtjahre entfernt. Stattdessen rauschen die Bäume, gurren die Wildtauben, surren die Libellen, und der junge Schwarzbach liefert die Musik dazu. Das Radeltempo sollte man herunterschrauben auf die Hälfte, hier einfach durchzusausen wäre Frevel. Und Dummheit: Würde man dann doch exquisite Pritschel- und Picknickplätze achtlos rechts liegen lassen.

Nun ist es nicht mehr weit zum Ramschelweiher im Talschluss des Schwarzbachtals. Ist das nun das Ende der pfälzischen Welt? Nein, auch dort geht es weiter: Zwischen steilen Berghängen kann man hinaufradeln zur Burgalbquelle, wo der Umkehrpunkt der Tour erreicht ist. «

Langsam fahren, aufmerksam sein – dann wird man im Schwarzbachtal leicht solche prachtvollen Schmetterlinge entdecken.

Bei der Fahrt entlang des Schwarzbachs wird man immer wieder daran erinnert, warum das Holzland Holzland heißt.

So lässt sich's leben! Gut ausgerüstet mit dem Nötigsten kann man am Ramschelweiher fast ungestört den Tag verbringen.

RADELN & GENIEßEN

START

Bahnhof Waldfischbach

Den Straßenschildern Richtung Clausensee folgen. Kurz hinter dem Ortsausgang beginnt ein Radweg, der auf der ersten Hälfte der Tour konsequent auf der rechten Talseite bleibt.

KM 8

1 Clausensee

Tretbootpause

Eingebettet in waldige Berge liegt auf halber Strecke der Clausensee, ein erst in den 1970er-Jahren aufgestauter Freizeitsee. Mit Campingplatz (www.campingclausensee.de), Biergarten (fischerhaus-clausensee.de), Liegewiese und einem Tretbootverleih. Apropos Tretbootfahren: Ist das nicht hoffnungslos spießig? Dröge, unsportlich, albern? Vielleicht einfach mal ausprobieren! Zu einem Inselchen schippern, sich mit der ins Boot eingebauten Wasserrutsche vergnügen, mit den Lieben scherzen.

Zwei Kilometer weiter die verkehrsarme Kreisstraße überqueren und auf die linke Talseite wechseln. Dort geht es auf einem zunächst asphaltierten, dann geschotterten Forstweg in den Talschluss des Schwarzbachtals.

Am Clausensee. Warum nicht dem Tretboot einmal eine Chance geben?

Etwas für Individualisten: Wasserwaten im Sandbett des Schwarzbaches.

Picknick oder lieber die Beine ins kühle Wasser hängen? Beides!

ERSTER PICKNICKPLATZ

KM 10

Schwarzbach-Oberlauf

Spaziergang im Bach

Einige Fischteiche, dann weitet sich das Tal, Wiesen prägen abermals das Landschaftsbild. Schon bald wird man eine geeignete Stelle finden, um in den Bach zu steigen und genüsslich gegen den Strom zu waten. Wenn man den richtigen Einstieg erwischt hat, kann daraus ein längerer Spaziergang werden. Ein sinnliches Vergnügen, ganz ohne Spießerverdacht! Dass das Wasser hier kristallklar ist und auch im Hochsommer konstant kühl bleibt, ist kräftigen Zuflüssen, dem Buntsandsteinboden und der Zivilisationsferne zu verdanken.

Weiter talaufwärts radeln.

KM 12

3

Rastplatz am Schwarzbach

Da, eine Forelle!

Schöne Rastplätze findet man im hinteren Schwarzbachtal mehrmals. Einer sticht besonders hervor, keine zwei Kilometer nach dem Überqueren der Straße: eine hölzerne Sitzgruppe, daneben eine Tafel mit Informationen über das Tal. So viel ist hier zu sehen, zu hören und zu tun, dass man mit dem Picknick noch ein kleines bisschen warten kann – etwas bachaufwärts nämlich gibt es einen weiteren idealen Pausenplatz. Dort wird man abermals die Schuhe ausziehen. Die Füße ins Wasser baumeln lassen. Und den Bach beobachten, denn dann und wann huscht geräuschlos eine Forelle vorbei.

Nach drei Kilometern ein Abstecher zum Picknickplatz am Falkensteigereck: Über ein flaches Betonbrückchen auf die rechte Talseite und kurz talabwärts.

Ist am Ramschelweiher die pfälzische Welt zu Ende?

KM 16

5

Ramschelweiher

Hier gafft nur der Bussard

So weltabgeschieden liegt der Ramschelweiher, dass er noch nicht einmal namentlich in Karten verzeichnet ist. Die Holzlandbewohner nennen ihn schnörkellos Schwarzbachtalweiher, fantasiebegabter Silbersee oder historisch präzise Stammweiher, da er zum Wässern von Holz genutzt wurde. Wer wagt ein Bad in dem bis auf den Grund klaren, prickelnd kalten Wasser? Gaffer gibt es keine – außer einigen Raubvögeln. Die merken aber schnell, dass man nicht in ihr Beuteschema passt, und kreiseln alleine des Vergnügens wegen weiter.

Auf einem kieseligen Forstweg weiter talaufwärts.

KM 15

4

Schutzhütte Falkensteigereck

Den Wald belauschen

In den 1950er- und 1960er-Jahren wurde im Pfälzerwald ein Netz einfacher hölzerner Schutzhütten errichtet. Kaum jemand allerdings sucht dort Schutz vor Unwetter. Eher liefern die Hütten das Signal für eine Essenspause. Die Schutzhütte am Falkensteigereck ist besonders lauschig – und gepflegt, da an ihr nur wenige Mountainbiker und Wanderer auf dem Weg zum Höhendorf Leimen, der nächstgelegenen Ansiedlung, vorbeikommen. Ein Platz, um einmal die Augen zu schließen und sich eine Weile ganz auf die Geräusche des Waldes einzulassen.

Wieder zurück auf der Hauptroute noch weiter talaufwärts.

Wer hierherkommt, kann sich darauf verlassen, dass ein Picknicktisch frei ist.

Neben der Burgalbquelle liegt ein verwunschener Stauteich.

EXTRA INFOS:

Auf dem Rückweg lohnt sich ein Besuch in der ● **Camping-Gaststätte an der Hundsweiher Sägemühle** (www.hundsweiher-saegemuehle.de). Nach dem einfachen Imbiss schaut man den Karpfen zu, wie sie mit halbgeöffneten Mäulern träge am Ufer des Teichs herumdümpeln. Ein dümmliches Tier? I wo, die wissen das Leben auch zu nehmen.

Falls man an der Gegend einen Narren gefressen hat: Am ● **Camping Clausensee** kommt man in zünftigen Blockhütten unter (www.campingclausensee.de).

KM 19

Burgalbquelle

Den Schwarzbachursprung erkunden

KM 38 » ZIEL

Bahnhof Waldfischbach

Jetzt will man doch wissen, wo das Schwarzbach-Wasser herkommt. Also noch weiter hinaufradeln! So kommt man an drei Köhleröfen vorbei, die im Zweiten Weltkrieg angelegt wurden, weil Holzkohle als Ausweichkraftstoff für Forstfahrzeuge benötigt wurde. An der Burgalbquelle endet der Aufstieg. Der meist munter sprudelnde Brunnen fällt im Sommer oft trocken. Nix mit Wasserflasche auffüllen! Wieso aber Burgalb? So heißt eben der Quellbach des Schwarzbachs. Als Schwarzbachursprung gilt die Stelle, an der sich die Burgalb mit einem vom Pferdsbrunnen herunterströmenden Bach vereinigt. Dort steht ein Ritterstein, wie die nach dem Gründungsvorsitzenden des Pfälzerwald-Vereins benannten Sandsteinblöcke heißen, die man an vielen historisch bedeutsamen oder wichtigen Wegpunkten sieht.

Für den Rückweg kann man statt des Radweges auch die verkehrsarme Kreisstraße nehmen.

So munter ergießt sich die Burgalbquelle nicht immer in den aus dem Trippstadter Schloss stammenden Steintrog.

AUF EINEN BLICK

- » **Start/Ziel:** Bahnhof Waldfischbach (ca. 40 Min. ab/bis Kaiserslautern)
- » **Strecke/reine Radelzeit:** 38 km (Streckentour, hin und zurück), 3 Std. Zur Rundtour wird die Strecke, indem man von der Burgalbquelle über Johanniskreuz und Heltersberg nach Waldfischbach zurückkehrt.
- » **Höhenmeter:** ↗ 209 m, ↘ 199 m
- » **Wegbeschaffenheit:** Straße im Ort, Nebenstraße, Radweg mit Verbunddecke, Asphalt, Schotter und Kies.
- » **Beste Zeit:** Ganzjährig. Von Juni bis September für Wasserratten.
- » **Mitnehmen:** Badezeug, Proviant.

WEGEN DER ABWECHSLUNG: RÜCKFAHRT AUF VERKEHRSARMER STRASSE

START & ZIEL Bahnhof Waldfischbach

Camping-Gaststätte Hundsweiher Sägemühle

Camping Clausensee

1 Clausensee

VIEL SCHATTEN AM WALDRAND ENTLANG

Lehmkaut 293, Am Piquet 428, Heltersberg, Steinalben, B 270, Spießberg 360, Lindenbrunnerhof, Großer Westrich 441, Kleiner Hundsberg 428, Kumpf, Klingeneck 389, Rohkopf 408, Querberg 374, Großer Hundsberg 475, Quartersberg 382, Waldfischbach-Burgalben, Kohlhaufen 314, Breitenfeld, Dreisommerberg 393, Schwarzbach, Schwarzbachtal, Heidelsburg, Hesselberg 463, Maria Rosenberg, Krötenköpfel, Forsthaus Heidelsburg, Clausen, Tempelberg 407, Enzenbü… 437, Kuffenberger Feld

0 1 2 KM

Gutenbrunnerhof
Johanniskreuz
Moosalbe
Hüttental
Lauberhof
Vogeltal
Schächerdell
Kiefernköpfchen
Erlenbach
6 Burgalbquelle
Franzenklause
B 48
Schauertal
Haseldell
Meisertal
Steinberg 527
Kanzelklause
Meisenbach
Vogelskopf 451
EINFACH LAUFEN LASSEN
Pferdbrunner Eck
Schwarzbach
Teufelsloch
Schächerhübel
JETZT GEHT'S BERGAUF!
Hoher
Holzklinger Ebene
531
Heltersberg 595
Hahnenkopf 518
5 Ramschelweiher
Ramscheleck
BEIM RADELN DEM BACH ZUHÖREN
Groß Kirchtal
Ramschel
KIESELIGER WEG
507
Hahnenberg 474
Klein Kirchtal
Löffelsbrett
Geiersnest
4 Schutzhütte Falkensteigereck
Badischloch
3 Rastplatz am Schwarzbach
Schleifeneck
Mühlenberger Ebene
476
Grübenköpfchen 513
Christeleck
2 Schwarzbach-Oberlauf
Forsthaus Leimen
Behängtköpfel 473
Röderhof
Hortenkopf 606
Leimen
Mühlenberg 541
Schmaler Kopf 499
Am Höchsten 485
Kieneck
Wüsttal
Alter Schlag
Ringelsberg 457
Aloisius-Ruh
Holländerklotz
Wüstmühlwoog
Kippkopf 522
Merzalbe
Naturpark Pfälzerwald Kernzone Quellgebiet der Wieslauter
Weißenberg 610
Hubertusfelsen 522
Klopfholzeck
Hinterer Winschertkopf 492
Schmaler Hals 517
Hermersbergerhof

DIE RADELPAUSEN

» START
Bahnhof Edesheim

KM 7
1 Houschder Winzerturm
Fotos ohne Reben

KM 13
2 Knöringen
Erdöl in den Weinbergen?

KM 18
3 Weingut Marienhof Flemlingen
Das Mediterrane liegt so nah!

9

GARTEN EDEN AUF PFÄLZISCH

In einem weiten Bogen von Edesheim nach Rhodt

Seinen Garten nannte der bayerische König Ludwig I. die von einem milden Klima verwöhnte Landschaft zu Füßen seiner Sommerresidenz Villa Ludwigshöhe. Den starken Kontrast dazu bildet die Kette der Haardtberge dahinter.

KM 20

4 Hainfeld
Am Dorfplatz herumtrödeln

KM 22

5 Rhodt unter Rietburg
Weindorf-Prachtstraßen-Bummel

KM 25

6 Edesheim Biergarten-Bistro Bähn'l
Zur Abwechslung ein Bier

KM 26 » ZIEL
Bahnhof Edesheim

NUR MIT ETWAS GEOLOGIE …

… lässt sich ermessen, in welcher Landschaft man auf dieser Tour unterwegs ist. Vor 50 Millionen Jahren herrschten so starke Spannungen in der Erdkruste, dass sich ein breiter Graben absenkte, während sich gleichzeitig die Ränder hochwölbten. So entstanden die heutige Rheinebene und die angrenzenden Mittelgebirge. Die Vogesen, der Schwarzwald, der Odenwald – und die Haardt, das steil in die Ebene abfallende Randgebirge des Pfälzerwaldes.

DER SCHÖNSTE MOMENT: BEI DER ANFAHRT AUF DIE HAARDT DIE SILHOUETTE DER BERGE AUF SICH WIRKEN LASSEN

Wer vom Rhein zum ersten Mal auf die Haardt zufährt, wird gebannt sein von der prägnanten Silhouette dieser Gebirgskette: ein geschwungener Horizont in Dunkelgrün, den die Nachmittagssonne oft in ein goldenes Licht taucht. Am stärksten wirkt dieser Anblick, wenn man etwas Abstand hält. Den findet man da, wo die Rebenhänge der Weinbauern auf die flachen Felder der Rübenbauern treffen. Genau dort beginnt diese Radtour, um dann immer näher heranzurücken an die Berge und an die Winzerorte im Garten des Bayernkönigs.

Einen ersten Überblick verschafft man sich auf dem Houschder Winzerturm, nachdem man schon an Rüben- und Weizenfeldern, Schilfsenken und vereinzelten Weinbergen vorbeigekommen ist. Dann fährt man genau auf die rund 600 Meter hohen Haardtberge zu, den rundbuckeligen Hohenberg, den scharfkantigen Orensberg, den abgeplatteten Blattersberg, die wuchtige Kalmit.

Aus der bisherigen Flachlandtour wird eine Hügeltour, wenn es hineingeht in die besten Weinlagen. Nach Böchingen, Flemlingen, Hainfeld. Ein Dorf schöner als das andere. Mit verwinkelten Gässchen, blumenprächtigen Häusern, alten Torbögen und malerischen Innenhöfen. Der Höhepunkt: Rhodt unter Rietburg, wo sich in der Theresienstraße malerische Winzerhöfe aneinanderreihen.

Tipp: Auch mal um die Osterzeit herkommen. Dann stehen die Mandelbäume, die hier viele Alleen säumen, in voller Blüte und kündigen mitten im Wintergrau den Frühling an. Ein faszinierendes Farbschauspiel in Hellrosa, Rosarot und strahlendem Weiß. «

Wer einmal die Mandelblüte erleben möchte, macht diese Tour im März. Ein ganz besonderes Farbschauspiel!

So wie Walsheim blicken die meisten Dörfer an der Weinstraße auf eine lange Weinbautradition zurück.

Immer wieder im Blick: die Villa Ludwigshöhe. Von hier schaute der Bayernkönig auf seinen Garten Eden.

RADELN & GENIEßEN

START
Bahnhof Edesheim

Auf einem Radweg ostwärts nach Großfischlingen und dort am Kreisel rechtsherum nach Kleinfischlingen. Rechts in die Poststraße einbiegen und dem Radwegzeichen nach Süden folgen. Gut aufpassen: Die entscheidende Abzweigung nach links zum Houschder Winzerturm am dritten kreuzenden Weinbergweg ist nicht beschildert, das Türmchen ist aber schon zu sehen.

KM 7

1

Houschder Winzerturm

Fotos ohne Reben

Wer aus den Weinbergen heraus in die Ferne fotografieren möchte, hat meist ein Problem: Die Reben reichen bis über Augenhöhe und versperren so den freien Blick in die Haardtberge. Also einen Schemel mitnehmen und 50 Zentimeter rausschinden? Es geht auch einfacher, indem man auf den Houschder Winzerturm steigt, einen kleinen, aber für den Zweck völlig ausreichenden Sandsteinturm mitten in den Weinbergen. Houschd? Wie so oft in der Pfalz wird der Ortsname ganz anders ausgesprochen als geschrieben, aus Hochstadt wird eben Houschd.

Auf unbeschilderten Waschbeton-Weinbergwegen geradewegs auf die Haardtberge zuhalten. Nach Überqueren einer Landstraße die dritte Möglichkeit zum Linksabbiegen nach Essingen nutzen. Dort rechts auf Radweg parallel zur Straße nach Knöringen, links zur Ortsmitte und rechts in die Kirchstraße.

Klein, aber fein, dieser Aussichtsturm mitten in den Weinbergen.

Jetzt glaubt man's endlich: In den Weinbergen bei Landau wird Erdöl gefördert.

KM 13

2 Knöringen

Erdöl in den Weinbergen?

Was sind das für Pferdeköpfe, die da zwischen Knöringen und Walsheim wippen? Manch ein Pfalz-Neuling mag kaum glauben, dass es sich dabei um kleine Pumpen handelt, mit denen in der Rheinebene Erdöl gefördert wird – direkt an den Ortsrändern oder inmitten der Rebhügel. Kurz nach dem Krieg, als das Automobil zur Ersatzreligion und Erdöl endgültig zu Gold wurde, stieß man nach seismischer Vorerkundung bei Bohrungen auf das Landauer Ölfeld. Seit 1955 wird dort in bescheidenem Umfang gefördert. Rätsel gelöst!

Auf dem Winzer-Radweg nach Walsheim, am Ortsende kurz rechts, auf Radweg nach Böchingen und weiter Richtung Flemlingen. An einer Straßengabelung vor Flemlingen dem Schild zum Marienhof folgen.

Der Marienhof – ein Platz für Weinkenner und Freunde der gepflegt-rustikalen Küche.

KM 18

3 Weingut Marienhof Flemlingen

Das Mediterrane liegt so nah!

Gerne – und oft sehr zum Unwillen der selbstbewussten Einheimischen – wird auf die Ähnlichkeit der pfälzischen Weinregion mit der Toskana verwiesen. Hier am Weingut Marienhof (www.weingut-marienhof.de) ist sie unmittelbar zu erleben. Palmen und Zypressen, Thymian und Rosmarin ringsherum, das Gebäudeensemble in einem freundlichen Gelbton, erbaut in Stein-auf-Stein-Bauweise mit Material aus den Steinbrüchen am Rande der Haardt. Tradition und Moderne verbindet die neu gestaltete Weinstube des Bio-Winzerhofes. Sitzen kann man aber auch draußen, die Weinreben zum Greifen nah.

Zurück zum Straßendreieck, hinunter nach Flemlingen und auf einem Nebensträßchen nach Hainfeld.

KM 20

4 Hainfeld

Am Dorfplatz herumtrödeln

Eine Sünde, einfach so durchzuradeln! Also Rad abstellen und sich erst mal im urigen Dorfladen mit dem schönen Namen Weck & Ebbes mit süßen Teilchen eindecken (dorfladen.hainfeld.de). Diese direkt um die Ecke verputzen, auf Steinbänken, die den aus Hainfeld stammenden Weinköniginnen gewidmet sind. Dann im Restaurant Am Dorfbrunnen von den Sitzplätzen draußen das muntere Treiben auf dem Dorfplatz beobachten (dorfbrunnen-hainfeld.de). Und schließlich im denkmalgeschützten Ortskern die historischen Renaissance-, Rokoko- und Barockgebäude inspizieren.

Ein Radweg führt nach Rhodt, wo man in der Ortsmitte links zum Abstecher in die Theresienstraße abbiegt.

Weck&Ebbes heißt dieser sympathische Dorfladen. Ebbes? Etwa: alles Mögliche.

KM 22

5 Rhodt unter Rietburg

Weindorf-Prachtstraßen-Bummel

Wie Hainfeld ist Rhodt, zu Füßen der Rietburg und der Villa Ludwigshöhe gelegen, ein Bilderbuch-Winzerdorf und doch so ganz anders. War dort der Dorfplatz die Attraktion, ist es hier eine lange Pflastergasse, die Theresienstraße. Beherrschten dort die Einheimischen das Ortsbild, sind es in Rhodt die Auswärtigen. Beschweren kann man sich über die vielen Gäste nicht, gehört man ja selbst dazu. Namensgeberin der Theresienstraße ist die Gattin des bayerischen Königs Ludwig I., die in Rhodt regelmäßig den Gottesdienst besuchte. Beim Bummel durch die prachtvolle Gasse schaut man direkt zur Rietburg. Ein nostalgischer Sessellift fährt hinauf, die Talstation ist nur zehn Radelminuten von Rhodt entfernt (www.rietburgbahn-edenkoben.de).

Von der Theresienstraße geradeaus Richtung Edenkoben. Kurz hinter dem Ortsausgang von Rhodt vor einem Rastpavillon rechts über die Straße und bergab durch die Weinberge. An der ersten Abzweigung rechts, dann sofort links und hinein nach Edesheim.

Lange suchen muss man nicht, wenn man in den Winzerdörfern Weine verkosten möchte.

Zwischenproviant fassen in Hainfeld

Extra Infos:

Mit einem kleinen Abstecher kommt man von Hainfeld am Modenbach entlang zur traumhaft gelegenen ● **Burrweiler Mühle**. Am Teich sitzen, schlemmen, zu den Bergen hinaufschauen (www.burrweilermuehle.de).

KM 25

6 Edesheim Biergarten-Bistro Bähn'l

Zur Abwechslung ein Bier

Edesheim, pfälzisch Esem ausgesprochen, liegt im Zentrum der Region, die von den Tourismusstrategen als Garten Eden der Pfalz vermarktet wird. Nicht ganz so malerisch wie die kleineren Weinorte, aber mit einem heute als Hotel genutzten Schloss und zahlreichen Weingütern gesegnet. Deren bekanntestes ist das Weingut Anselmann, mit Probierstand, gemütlicher Stube und einem üppigen Garten (www.weingut-anselmann.de). Doch wie wär's nach so viel Wein zum Abschluss mal wieder mit einem Bier? Dafür gibt's das Biergarten-Bistro Bähn'l neben dem Bahnhof.

Vom Ortszentrum den Schildern zum Bahnhof folgen.

Bahnhof Edesheim

Warum nicht mal etwas ausscheren aus der Weinstuben-Idylle?

AUF EINEN BLICK

- **Start/Ziel:** Bahnhof Edesheim (ca. 7 Min. ab/bis Landau, ca. 12 Min. ab/bis Neustadt an der Weinstraße)
- **Strecke/reine Radelzeit:** 26 km (Rundtour), 2 Std.
- **Höhenmeter:** ↗ 121 m, ↘ 121 m
- **Wegbeschaffenheit:** Fast durchgehend asphaltierte Radwege oder Waschbeton-Winzerwege, innerorts Straße.
- **Beste Zeit:** Herbst wegen der Färbung der Weinberge, frühes Frühjahr für die Mandelblüte.
- **Mitnehmen:** Sonnenschutz, halbleeres Rucksäckchen, denn unterwegs gibt es einiges an Leckereien.

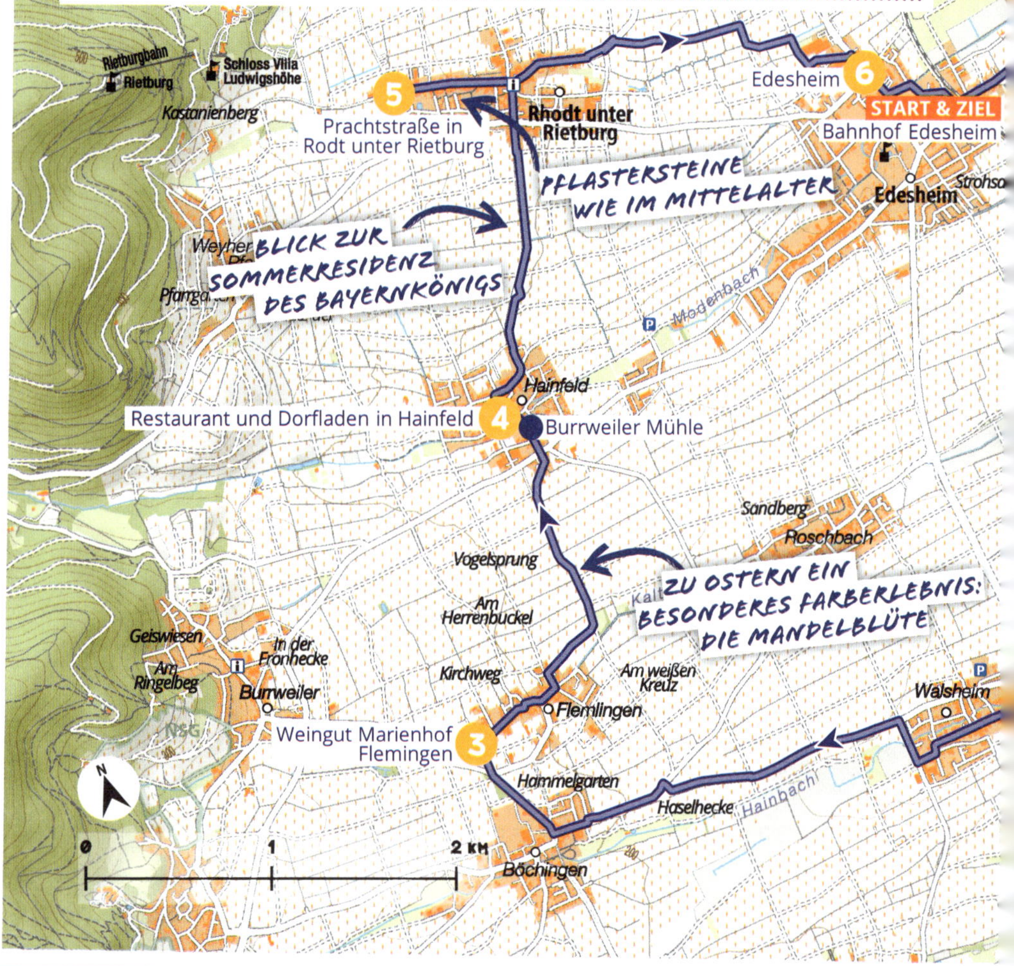

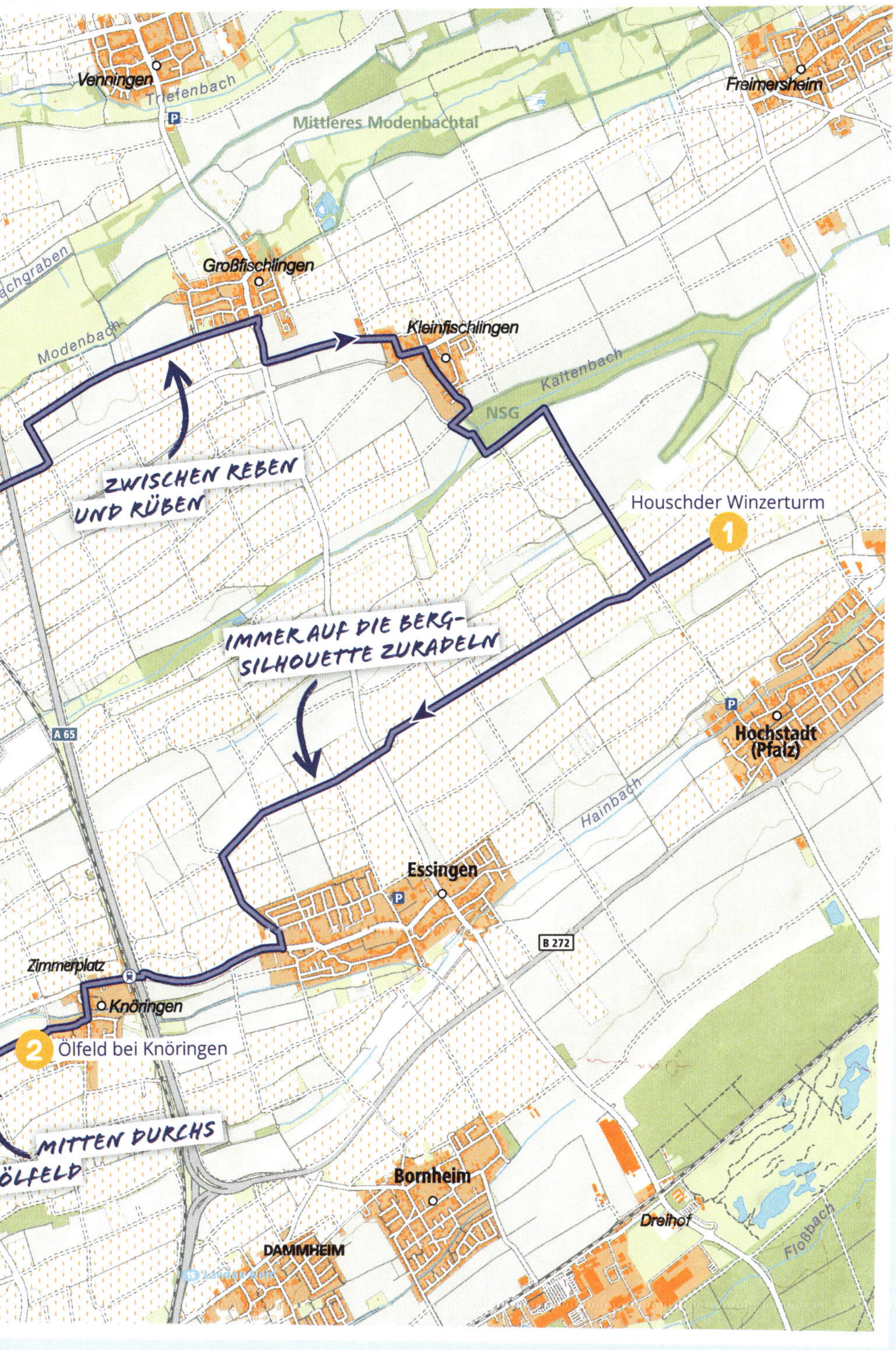

Venningen
Triefenbach
Mittleres Modenbachtal
Freimersheim
Großfischlingen
Modenbach
Kleinfischlingen
Kaltenbach
NSG
ZWISCHEN REBEN UND RÜBEN
Houschder Winzerturm
1
IMMER AUF DIE BERG-SILHOUETTE ZURADELN
A 65
Hochstadt (Pfalz)
Hainbach
Essingen
B 272
Zimmerplatz
Knöringen
2
Ölfeld bei Knöringen
MITTEN DURCHS ÖLFELD
Bornheim
Dreihof
Floßbach
DAMMHEIM

DIE RADELPAUSEN

» START
Bahnhof Bad Bergzabern

KM 1
1 Schloss Bad Bergzabern
Kultur und opulentes Frühstück

KM 3
2 Oberhofen
Wein, so früh am Tag?

KM 6
3 Gleiszellen
Erst der Fernblick, dann die Details

10 WILD, WORSCHD & WOI

Von Bad Bergzabern zum Wild- und Wanderpark

Langsam die Vorfreude auf das große Tagesziel steigern. Pedaltritt für Pedaltritt. Den Übergang von den Rebhängen in die Wälder genießen. Und dann die Tiere beobachten, die durch den Wild- und Wanderpark Südliche Weinstraße streifen.

KM 13

4 Silzer See
Rein oder nicht rein?

KM 15

5 Wild- und Wanderpark Südliche Weinstraße
Unter wilden Tieren

KM 22

6 Burg Landeck
Flammkuchen mit Fernblick

KM 34 » ZIEL
Bahnhof Rohrbach

DAS LEBENSELIXIER DER PFÄLZER ...

... ist die Kombination aus »Weck, Worschd unn Woi« – so zumindest will es das Klischee. Wie sich das variieren lässt, ohne der Tradition den Rücken zu kehren, zeigt diese Radtour. Sie lässt die »Weck« beiseite und setzt an ihre Stelle das Wild. Der »Woi«, der Wein also, führt bis Klingenmünster Regie, überlässt dann zunächst dem Wald und dann dem Wild die Bühne. Die »Worschd« bekommt ihren Auftritt ganz am Ende.

Ein Bummel durch die Altstadt von Bad Bergzabern macht den Auftakt. Anschließend radelt man mit Rebhängen zur Linken und Maisfeldern zur Rechten am Rande der Pfälzerwald-Berge entlang zu den romantischen Winzerdörfern Oberhofen, Gleishorbach und Gleiszellen. Wenn unterwegs der Schwarzwald am Horizont auftaucht, schlägt die Stunde der Fernblick-Fachleute. Das ist doch die Hornisgrinde! Oder doch der Kniebis? »Wer's wääß, wärd's wisse«, sagen die Gelasseneren unter den Einheimischen in solchen Situationen.

DER SCHÖNSTE MOMENT: MIT DEM GERUCH VON HIRSCHEN UND WILDSCHWEINEN IN DER NASE ZUR RHEINEBENE ROLLEN

Nach einer flotten Abfahrt geht es im Klingbachtal auf schattigen Wegen hinein in den Pfälzerwald. Gleich wird es merklich kühler – um die drei Grad niedriger als in der Rheinebene liegt die Temperatur in der Waldregion. Immer noch keine sibirischen Verhältnisse, der Silzer See ist bis in den September hinein warm genug zum Baden.

Jetzt aber auf zum Besuch des Wild- und Wanderparks! Ein bis zwei Stunden wird man dort wohl zubringen, dann rollt man gemütlich hinunter nach Klingenmünster. Genau der richtige Zeitpunkt für eine abschließende Vesper! In der hübschen Parkanlage, im Ort oder hoch oben auf der wunderschön gelegenen Burg Landeck. Nun aber wird Strecke gemacht, und man lässt auf dem Weg in die Ebene ordentlich den Kies knirschen, fliegt an Pappeln und Weiden, an Feldern, Rübenäckern und Pferdekoppeln vorbei.

In Rohrbach, ganz unerwartet, noch ein Paukenschlag: Ein Plakat verkündet, dass hier der Europameister der Weißwurst – in der Pfalz Weißworschd genannt – seine Metzgerei betreibt. Sportsgeist muss man haben!

«

RADELN & GENIEßEN

Bahnhof Bad Bergzabern

Zum Kreisverkehr und durch die Königstraße zum Schloss.

Mitte April bis MItte Mai ist die richtige Zeit, um die Kirschblüte am Silzer See zu genießen.

KM 1

1 **Schloss Bad Bergzabern**

Kultur und opulentes Frühstück

Am Bahnhof wird man vergeblich Ausschau halten nach Schildern zum Schloss, dem Wahrzeichen von Bad Bergzabern. Die zuständigen Bürokraten hielten es für sinnvoller, die Verbandsgemeinde zu beschildern, deren Verwaltung im Schloss untergebracht ist. Genug gemeckert, das Positive überwiegt auch hier wie so oft. Ausnehmend freundlich und lebensfroh nämlich wirkt das im spätgotischen Stil errichtete Gebäude, das Gemäuer in der Gute-Laune-Farbe Bayerisch Gelb gehalten, die Fensterläden in reizvoll kontrastierendem Grün. Direkt neben dem Schloss liegt das Schlosshotel Bergzaberner Hof. Vorausschauende melden sich dort rechtzeitig für das Frühstücksbüfett an (bergzaberner-hof.de). Welch stilvoller Auftakt für einen erlebnisreichen Radtag!

Am Schloss weisen Radschilder Richtung Siebeldingen. Nach drei Kilometern hält man an einer Weggabelung geradeaus auf Oberhofen zu, folgt also nicht dem Radweg nach Pleisweiler.

Erst Herzogsresidenz, dann Schule, jetzt Verwaltungssitz: das Bergzaberner Schloss.

KM 3

2 Oberhofen
Wein, so früh am Tag?

»Es hatte mit diesem Orte überhaupt seine eigene Bewandtnis. Viel tausendmal war ich schon, wie gesagt, an ihm vorüber, aber noch nie hineingekommen. Kein Kirchturm überragte die Hausfirsten, keine Glocke schlug zeitverkündend herüber, kein Brunnenrauschen unterbrach das Schweigen. Tiefe ungewöhnliche Stille lag über dem Ort.« So beschrieb der aus Klingenmünster stammende Schriftsteller August Becker in seinem Roman »Die Nonnensusel« den schöneren Teil des Doppelortes Pleisweiler-Oberhofen. Bis heute gehalten hat sich die völlig entspannte Atmosphäre des vom Durchgangsverkehr verschonten Dörfchens. Beste Bedingungen, um in aller Ruhe – und in Maßen, man hat ja noch einiges vor – zu schauen, was die örtlichen Winzer anzubieten haben. Zum Beispiel in den Weingütern Wilker (www.wilker.de) oder Leonhard (weingut-leonhard.de).

Die Kreisstraße überqueren und auf einem Waschbetonweg kurz und knackig bergauf zum Radweg Deutsche Weinstraße. Rechtshaltend bis zum Ortseingang von Gleishorbach, hinein in den Ort und beschildert zur Dionysius-Kapelle. Dann durch die Dyonysiusstraße in die Winzergasse von Gleiszellen.

In Oberhofen dreht sich alles um den Wein. Riesling, Weißburgunder, Silvaner ...

KM 6

3 Gleiszellen
Erst der Fernblick, dann die Details

Ein Kirchlein wie aus dem Bilderbuch, die Dionysius-Kapelle auf ihrem Hügel zwischen den Winzerdörfern Gleishorbach und Gleiszellen. Schon von Weitem ist der schlichte Barockbau ein Blickfang. Ein Rastplatz wie gemalt, mit Fernsicht in den Kraichgau, die Rheinebene und den Schwarzwald. Nur einen Katzensprung entfernt zieht sich die Winzergasse durch Gleiszellen. Ein Platz für Menschen mit Freude an Details – dem heimeligen Pflaster, dem Dorfbrunnen, den Rosen, Geranien und Weinranken an den Fachwerkfassaden. Verhungern und Verdursten muss auch niemand, darum kümmern sich das Gasthof-Hotel Zum Lam (www.zum-lam.de), das Weinlokal Muskatellerhof (muskatellerhof.de) oder das Hotel Südpfalz-Terrassen (www.suedpfalz-terrassen.de).

Weiter Richtung Siebeldingen, am Ortsschild von Klingenmünster links hinunter zu einem Kreisverkehr. Dort links und durch eine Parkanlage zum Beginn des Klingbachtal-Radweges und nach Silz. Hinter dem Ort rechts zum Silzer See.

Die Dionysius-Kapelle, das Wahrzeichen von Gleiszellen.

FRÜHLING! DIE MANDELBÄUME BLÜHEN SCHON

KM 13

4 Silzer See

Rein oder nicht rein?

Am Ortsrand von Silz liegt der Silzer See, ein vom Klingbach gespeister Stausee, der erst 1982 aufgestaut wurde und damit eines der jüngsten pfälzischen Gewässer ist. Der untere Teil des etwa 300 Meter langen Sees hat die Liegewiesen für Wasserratten und Sonnhungrige, der obere mit seinem schilfbewachsenen Ufer gehört den Leuten, die angeln. Trubelig wird es nie. Genau der richtige Platz also, um vor dem Besuch des Wild- und Wanderparks die Muskeln zu lockern – auf einer der Ruhebänke oder bei einer Runde Schwimmen.

Zurück zum Radweg und weiter zum Wild- und Wanderpark fahren.

Der Silzer See – zu allen Jahreszeiten reizvoll, ob als Rastplatz oder als Badeplatz.

Menschen und Damhirsche kommen sich im Wild- und Wanderpark nah.

KM 15

5

Wild- und Wanderpark Südliche Weinstraße

Unter wilden Tieren

Im sicheren Gatter untergebracht sind dagegen die Wisente.

Abertausende größerer Wildtiere leben im Pfälzerwald, zu Gesicht bekommt man sie allerdings selten. In den dichten Wäldern finden sie genügend Rückzugsorte, um Menschen aus dem Weg zu gehen. Wer die Tiere – und einige mehr – aus nächster Nähe beobachten will, ist im Wild- und Wanderpark Südliche Weinstraße an der richtigen Adresse (wildpark-silz.de). In Gehegen sieht man dort Wildschweine, Wisente und Wölfe, das Dam- und das Rotwild dagegen kann sich frei auf Streuobstwiesen tummeln oder durch den Kastanienwald streifen. Im September beginnt das große Spektakel, wenn das brunftige Röhren der Hirsche den Park erfüllt. Besucher können auf ausgewiesenen, aber nicht besonders geschützten Wegen zwischen den Rudeln hindurchspazieren.

Auf dem Herweg zurück zum Ortsanfang von Klingenmünster. Der beschilderte Fußweg für den Abstecher zur Burgruine Landeck beginnt kurz vor dem Park.

KM 22

6 Burg Landeck

Flammkuchen mit Fernblick

Für die Radtour hat man sich doch bestimmt den ganzen Tag freigehalten, oder? Dann nichts wie hoch zur Burgruine Landeck! Mit ihren dicken Mauern aus Sandstein-Buckelquadern, dem mächtigen Bergfried und dem stolzen Halsgraben gilt sie zu Recht als eine der beeindruckendsten Burgen der Pfalz. Das i-Tüpfelchen: die Burgschänke mit ihren vielen Freisitzplätzen. Bei einer Pfälzer Schorle – drei Teile Wein, ein Teil Sprudel – und ein, zwei Flammkuchen schaut man tiefenentspannt über die Rheinebene zu den Schwarzwaldbergen (stiftsgut-keysermuehle.de/burgschaenke-landeck). Zu Fuß kommt man in einer guten Viertelstunde hinauf. Hochradeln geht auch: von Klingenmünster Richtung Landau und an der Pfalzklinik links hinauf.

Vom Kurpark geradeaus weiter und links zur Ortsmitte. Jetzt aufpassen: Die Rechtsabzweigung zum Radweg Richtung Heuchelheim kommt etwas unvermittelt, es geht in ein schmales Gässchen hinein! Am Ortsende von Heuchelheim rechts und dann immer auf dem Klingbachtal-Radweg bis Rohrbach.

EXTRA INFOS:

Wer den Aufstieg zur Burg Landeck scheut, findet im Park am Ortseingang von Klingenmünster prima ● **Picknickplätze am Weiher**. Oder gönnt sich dort etwas Warmes auf der Terrasse der ● **Pizzeria Schützenhaus** Ristorante Il Parco (www.il-parco.de) mit der Burg Landeck direkt vor Augen.

Ein stimmungsvoller Rastplatz ist auch der Hof der ● **Kirche St. Oswald in Heuchelheim** mit einem farbenfrohen historischen Rathausgebäude direkt daneben.

KM 34 » ZIEL

Bahnhof Rohrbach

Gemütlich am Ofen sitzen kann man in der Burgschänke der Burg Landeck.

AUF EINEN BLICK

- **Start:** Bahnhof Bad Bergzabern
- **Ziel:** Bahnhof Rohrbach (ca. 8 Min. bis Landau)
- **Strecke/reine Radelzeit:** 34 km (Streckentour), 2 Std. 30. Wer die Tour lieber am Ausgangspunkt beenden möchte, biegt in Ingenheim in die Obergasse ein und radelt über Oberhofen nach Bad Bergzabern zurück, Mehraufwand 6 km.
- **Höhenmeter:** ↗ 193 m, ↘ 225 m
- **Wegbeschaffenheit:** Asphalt-, Kiesel- oder Waschbeton-Radwege, innerorts teilweise Straße.
- **Beste Zeit:** Ganzjährig.
- **Mitnehmen:** Badezeug, Kamera für den Wild- und Wanderpark, Proviant.

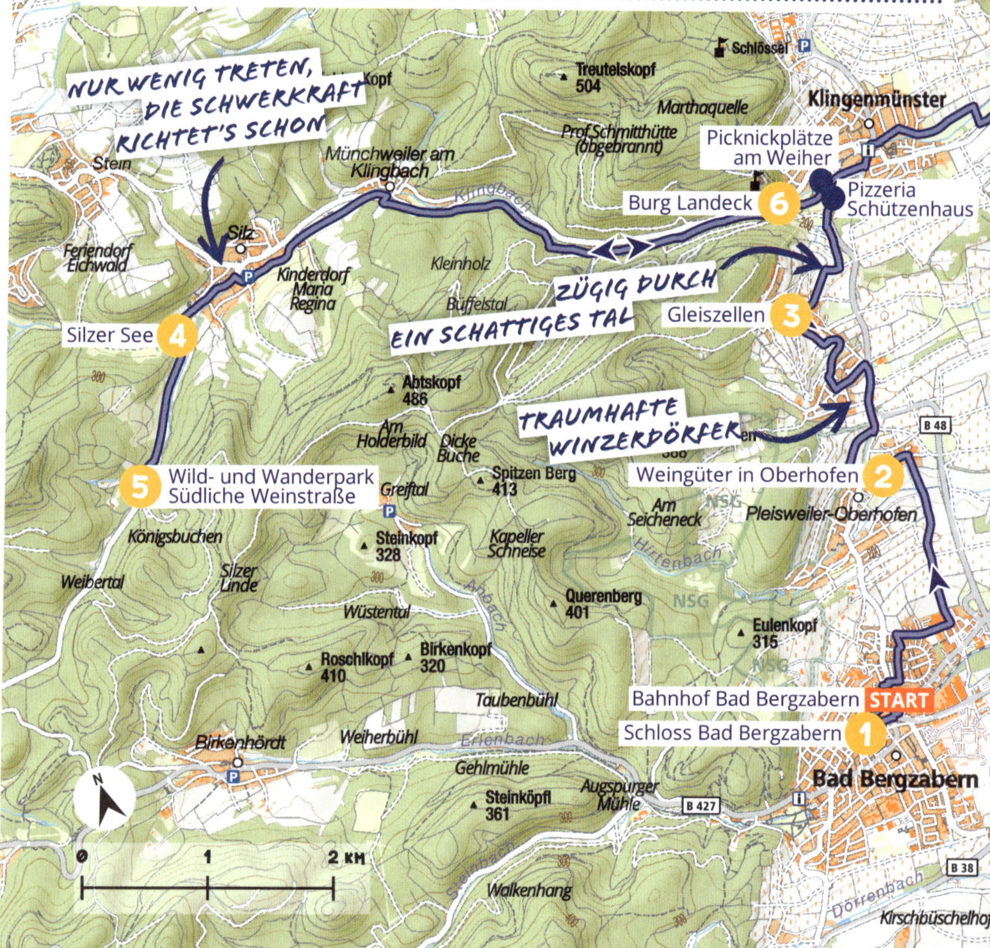

MÖRZHEIM
B 38
Weingut Anselmann ZIEL
Rohrbach (Pfalz)
Heuchelheim-Klingen
Kaiserbach
Kirche St. Oswald Heuchelheim
Klingbach
Billigheim-Ingenheim
Steinweiler
MIT DEM WESTWIND IM RÜCKEN IN DIE RHEINEBENE
B 38
Horbach
Bruchsiedlung
Winden
Erlenbach
Barbelroth
Hergersweiler
Ölmühle
B 427
Oberhausen
Dierbach
Dierbach
Eichenhöfe
Freckenfeld
Deutschhof
Hohes Haus
Kaplaneihof

DIE RADELPAUSEN

» START
Bahnhof Maikammer

KM 4
1 Sankt Martin
Durch die Gassen bummeln

KM 8
2 Rhodt unter Rietburg
Prachtstraße auf Winzerart

KM 10
3 Michaelskapelle Weyher
Picknick in den Reben

11

WINZER-DÖRFER SAMMELN

Von der Deutschen Weinstraße ins Trifelsland

Am Rande der Haardtberge führt diese Tour zunächst durch die oberste, besonders gut gegen Wind und Wetter geschützte Etage der Weinberge. Dann folgt ein großer Szeneriewechsel, wenn man mit der Burg Trifels vor Augen in den Pfälzerwald hineinradelt.

KM 13

4 Landrestaurant Burrweiler Mühle
Traum-Ambiente für den großen Hunger

KM 19

5 Aussichtspunkt Rastplatz Trifelsblick
Skyline auf Südpfälzisch

KM 26

6 Annweiler am Trifels
Eiskaffee und Trifels-Historie

KM 27 » ZIEL

Bahnhof Annweiler am Trifels

ÜBER 65 KILOMETER …

… ziehen sich die pfälzischen Rebenhänge an der Deutschen Weinstraße entlang. Die Römer brachten einst die Weintrauben hierher – und Kastanien. Oder waren es doch schon die Kelten? Einwanderer aus dem Fränkischen und Alemannischen jedenfalls traten ihr Erbe an, erbauten schmucke Dörfer und verfeinerten den Weinbau.

Will man diesen gesegneten Landstrich erkunden, könnte man es sich einfach machen und dem Radwanderweg Deutsche Weinstraße folgen. Der allerdings wurde in Vor-E-Bike-Zeiten konzipiert, versucht Anstiege zu vermeiden und lässt deshalb einige sehr lohnende Plätze aus. Ohnehin folgt hier nur, wer sehr pedantisch ist, einer genau vorgegebenen Route. Wer den Fokus auf den Genuss legt, lässt sich zu Abschweifungen verführen – die vielen radgängigen Winzerwege machen es leicht.

DER SCHÖNSTE MOMENT: MIT DEN REBHÄNGEN UND DEM PFÄLZERWALD VOR AUGEN INS TRIFELSLAND HINUNTERROLLEN

Dieser Routenvorschlag orientiert sich an der magischen Sieben, genau so viele Weindörfer nämlich werden auf dem Weg ins Trifelsland passiert. Doch nicht die Masse macht's, sondern der Unterschied im Ähnlichen – hat doch jedes Dorf seinen ganz eigenen Charakter.

Also mit einem kurzen Anlauf aus der Ebene zum Fuß der Haardt, des Pfälzerwald-Randgebirges. Mit Sankt Martin und Rhodt machen gleich die belebtesten Winzerdörfer den Anfang. Gut, dass es noch früh am Tag ist, der Trubel hält sich in Grenzen. Dann wird es ruhiger und man radelt der Sonne entgegen. Immer wieder schielt man dabei nach rechts, zur Villa Ludwigshöhe des Bayernkönigs Ludwig I., zur Rietburg, zur Sankt-Anna-Kapelle. Zur Linken befinden sich die tiefer gelegenen Weindörfer, Kirchtürme und Pappelalleen, dahinter hüllt sich die Rheinebene in Dunst.

Wohl dem, der alleine oder zu zweit unterwegs ist und sich lange Diskussionen darüber ersparen kann, in welcher der vielen Weinstuben, Restaurants und Straußwirtschaften man denn nun einkehrt. Leichter wird's ab Weyher, dann sind die Gaststätten dünner gesät und man kann sich auf der Fahrt ins Queichtal ganz dem Anblick der formschönen Kegelberge des Pfälzerwaldes hingeben. «

Bei der Fahrt durchs Queichtal zieht immer wieder die Reichsfeste Burg Trifels den Blick auf sich.

Zwischen Sankt Martin und Rhodt unter Rietburg stehen historische Traubenpressen mitten in den Weinbergen.

Liebevoll gestaltete Innenhöfe empfangen in Sankt Martin die Besucher der Kunsthandwerker-Ateliers.

RADELN & GENIEßEN

START

Bahnhof Maikammer

Kurz Richtung Edenkoben, dann nach Sankt Martin abbiegen, hinter einem Kreisverkehr die Straßenseite wechseln und am Kropsbach entlang.

So leer ist es selten in den malerischen Gassen von Sankt Martin.

KM 4

1 Sankt Martin

Durch die Gassen bummeln

Sankt Martin ist einer der großen Besuchermagneten an der Deutschen Weinstraße. Schon während der Woche gut besucht, wird es hier am Wochenende richtig voll. Denn dann kommen die Makalus, die Ausflügler aus Mannheim, Karlsruhe und Ludwigshafen. Am besten stellt man gleich am Beginn des denkmalgeschützten Ortskerns das Rad ab, um ungehindert durch die malerischen Gassen mit ihren Fachwerkhäusern und Winzerhöfen zu bummeln oder die Auslagen der Klein- und Handwerkskunstbetriebe zu inspizieren. Ein gemütliches Café für den zweiten Kaffee des Tages findet man schnell, eine Weinstube sowieso.

An der Hornbrücke Richtung Siebeldingen und hinauf zu einer Kapelle. Dem Winzerweg Breiter Hartweg folgen, die Kropsburg-Zufahrtsstraße queren und an der nächsten Straße rechts Richtung Edenkobener Tal. Links hinunter Richtung Rietburgbahn, drüben an einer historischen Kelteranlage wenige Meter nach links und gleich rechts in einen Weinbergweg einbiegen.

In der Theresienstraße in Rhodt: Blumenschmuck, wohin man schaut.

KM 10

3 Michaelskapelle Weyher

Picknick in den Reben

Mit seinem freundlichen, weithin sichtbaren weißen Kirchturm thront Weyher auf einem Hügel am Rand der Haardtberge. Schon im zweiten Jahrhundert hatten sich hier – mit ihrem Sinn für magische Orte – römische Siedler niedergelassen. Südlich des Dorfes liegt auf einem Weinberg die kleine Michaelskapelle, nach drei Dorfbesichtigungen der ideale Platz für ein längeres Picknick. Inmitten von Reben, mit wunderbarem Fernblick über die Rheinebene zu den Höhen des Odenwalds und des Schwarzwalds. So idyllisch das alles wirkt, es gibt auch einen dunklen Hintergrund: Von hier beobachtete ein Dorfpfarrer im März 1945 den schwarzen Freitag von Landau, als bei einem Bombenangriff 176 Menschen ihr Leben ließen. Zum Gedenken an die Opfer wurde die Michaelskapelle errichtet.

Auf dem gleichen Weg zurück nach Weyher und an der Kirche rechts herum auf einen Radweg, der ins Modenbachtal hinunterführt. Dort rechts zur Burrweiler Mühle.

KM 8

2 Rhodt unter Rietburg

Prachtstraße auf Winzerart

Auch wenn es in Rhodt mitunter recht belebt zugeht – die Theresienstraße muss man sehen und vor allem genießen. Die kleinen Fachwerkhäuser, die liebevoll gestalteten Torbögen, den Blumenschmuck, die Kastanienbäume im oberen Teil. Nirgendwo kann man eingehender die Haus-Hof-Bauweise studieren, die so typisch ist für die pfälzischen Winzerorte. Anders als in Sankt Martin findet man in Rhodt nicht auf Schritt und Tritt Restaurants und Weinstuben. Dafür gibt es eine Menge sogenannter Straußwirtschaften: Zur Zeit der Weinlese im September und Oktober öffnen Weingüter ihre Innenhöfe und kredenzen ihren Gästen zu traditioneller Winzerkost die eigenen Weine.

In der oberen Theresienstraße durch die Neugasse zur Straße nach Weyher. Dort Richtung Ramberg und 300 Meter nach dem Ortsende links zur gut sichtbaren Michaelskapelle.

Frisches Roggenbrot, Käse, Schinken und Obst – was braucht es mehr für ein Weinbergpicknick?

Burrweiler Mühle – am Teich sitzen,schlemmen und zu den Haardtbergen schauen.

KM 13

Landrestaurant Burrweiler Mühle

Traum-Ambiente für den großen Hunger

Für viele ist dies einer der schönsten Einkehrplätze an der deutschen Weinstraße: das Landrestaurant Burrweiler Mühle, eingebettet in ein kleines Tälchen zwischen steilen Rebenhängen, überragt von hohen Haardtgipfeln, mit Blick hinauf zum Kastanienwald und zur Sankt-Anna-Kapelle. Seit zehn Generationen befindet sich die ehemalige Getreidemühle in Familienbesitz. Das Stallgebäude wurde mittlerweile zur Weinstube umfunktioniert, für draußen hat man sich etwas Besonderes einfallen lassen und schattige Plätze um einen kleinen Teich mit Springbrunnen gruppiert. Tipp: Frühzeitig einen Platz reservieren (www.burrweilermuehle.de).

Immer strikt geradeaus nach Burrweiler, durch den Ort und auf einem Radweg hinauf nach Gleisweiler. An der Kurklinik vorbei und linkshaltend zum Radweg nach Frankweiler. Dort rechts ab Richtung Albersweiler.

KM 19

Aussichtspunkt Rastplatz Trifelsblick

Skyline auf Südpfälzisch

Ein großer Moment, wenn man von Frankweiler kommend auf einem geschwungenen Sträßchen durch die Weinberge radelt und plötzlich der Blick ins Queichtal und zu den Pfälzerwald-Gipfeln frei wird. In der Mitte die ebenmäßige Pyramide des Großen Adelsberges, rechts der schon von Kelten besiedelte Orensberg, links der massige Hohenberg. Hinter diesem spitzelt die Burg Trifels hervor, eines der großen Wahrzeichen der Pfalz. Da muss es doch einen ausgewiesenen Aussichtspunkt geben! Und da kommt er auch schon, der Rastplatz Trifelsblick, wo man neben einem Weinfass auf diese Radtour anstoßen kann.

Auf einem Weinbergweg steil hinunter nach Albersweiler, auf der Durchgangsstraße kurz links und nach Überqueren der Queich rechts auf einen Radweg. Am Ortsende Richtung Ramberg und dann auf dem Radweg nach Annweiler.

Der Hohenberg ist der auffälligste der Gipfel, die man vom Rastplatz Trifelsblick sieht.

Klein, aber fein.

EXTRA INFOS:

Mit einem kleinen Abstecher gelangt man zum ● **Restaurant Buschmühle** (www.buschmuehle.de), einem einsam gelegenen historischen Gutshof, in dem Helmut Kohl mit Staatsgästen zu Saumagen- und Dampfnudelessen einzukehren pflegte. So kommt man hin: Von der Burrweiler Mühle einfach einen Kilometer aufwärts durchs Modenbachtal radeln.

KM 27 » ZIEL

Bahnhof Annweiler am Trifels

KM 26

6 Annweiler am Trifels

Eiskaffee und Trifels-Historie

Das Städtchen Annweiler zu Füßen des Burgentrios Trifels-Anebos-Münz – ein schöner Ausklang dieser erlebnisreichen Tour. In der historischen Altstadt schiebt man sein Rad zwischen Fachwerkhäusern und dem Flüsschen Queich hindurch, passiert einen ominösen Durchlass namens Schipkapass – eine Infotafel sorgt für Aufklärung – und setzt sich dann am Marktplatz auf einen Eiskaffee ins Eiscafé. Wer etwas Genaues zur Reichsfeste Burg Trifels erfahren will, besucht das kleine Museum unterm Trifels. Wieso hielt sich Kaiser Barbarossa hier auf? Was ist wirklich dran an der Geschichte, dass der englische König Richard Löwenherz dort gefangen gehalten wurde?

Beschildert oder der Nase nach durch verwinkelte Gässchen zum Bahnhof.

Prunkstück der Altstadt von Annweiler ist die Gerbergasse am Flüsschen Queich.

AUF EINEN BLICK

- **Start:** Bahnhof Maikammer (ca. 15 Min. ab Landau)
- **Ziel:** Bahnhof Annweiler (ca. 15 Min. bis Landau)
- **Strecke/reine Radelzeit:** 27 km (Streckentour), 2 Std.
- **Höhenmeter:** ↗ 287 m, ↘ 242 m
- **Wegbeschaffenheit:** Asphaltierte Radwege, Waschbeton-Winzerwege, innerorts Straße.
- **Beste Zeit:** Ganzjährig.
- **Mitnehmen:** Sonnenschutz, Platz im Rucksack für Mitbringsel.

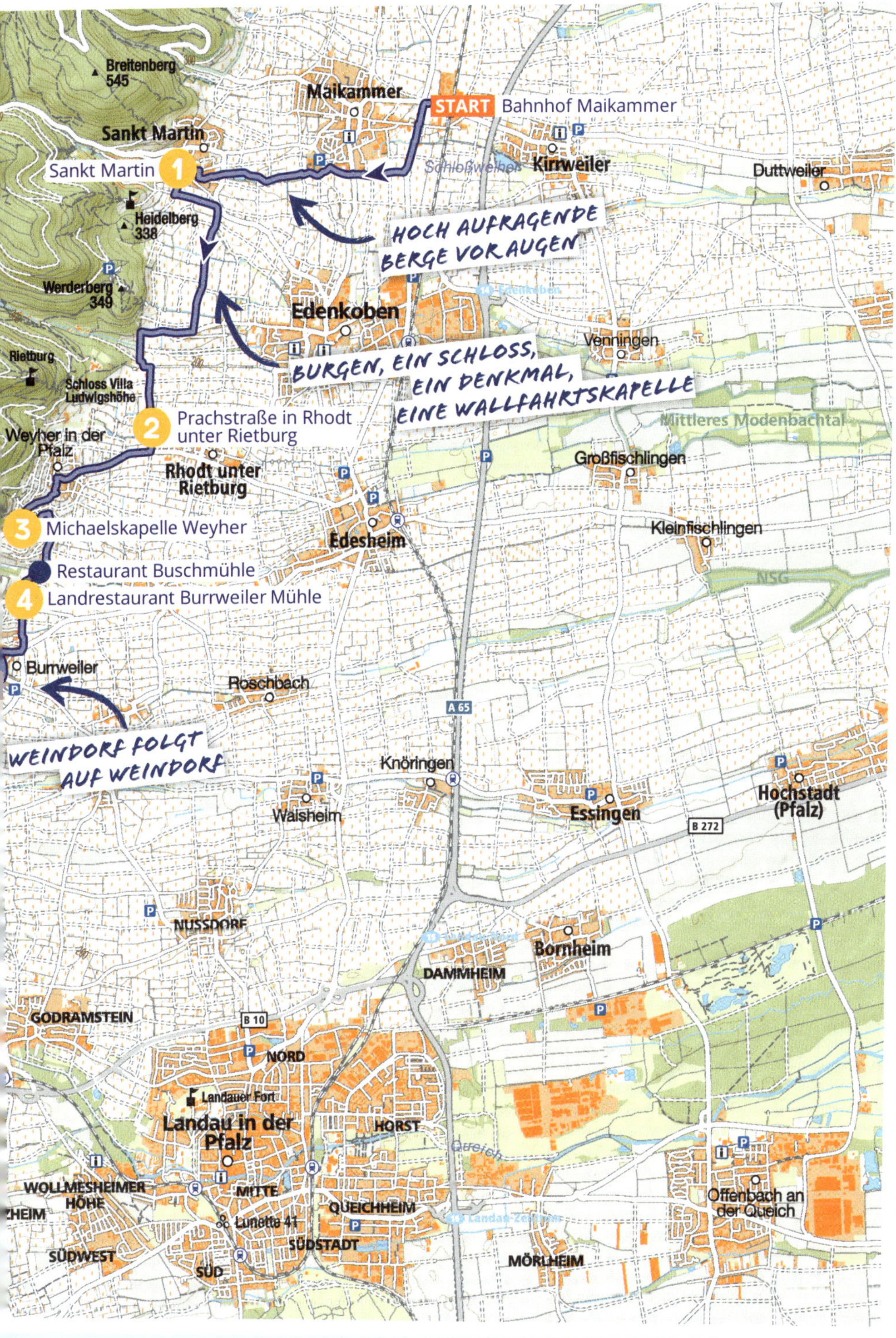

START Bahnhof Maikammer
1 Sankt Martin
2 Prachstraße in Rhodt unter Rietburg
3 Michaelskapelle Weyher
Restaurant Buschmühle
4 Landrestaurant Burrweiler Mühle
HOCH AUFRAGENDE BERGE VOR AUGEN
BURGEN, EIN SCHLOSS, EIN DENKMAL, EINE WALLFAHRTSKAPELLE
WEINDORF FOLGT AUF WEINDORF
Breitenberg 545
Maikammer
Sankt Martin
Kirrweiler
Schloßweiher
Duttweiler
Heidelberg 338
Werderberg 349
Edenkoben
Venningen
Rietburg
Schloss Villa Ludwigshöhe
Weyher in der Pfalz
Rhodt unter Rietburg
Mittleres Modenbachtal
Großfischlingen
Kleinfischlingen
Edesheim
NSG
Burrweiler
Roschbach
A 65
Knöringen
Walsheim
Essingen
Hochstadt (Pfalz)
B 272
NUSSDORF
Bornheim
DAMMHEIM
GODRAMSTEIN
B 10
NORD
Landauer Fort
Landau in der Pfalz
HORST
Queich
WOLLMESHEIMER HÖHE
MITTE
Lunetta 41
QUEICHHEIM
SÜDSTADT
SÜDWEST
SÜD
MÖRLHEIM
Offenbach an der Queich

DIE RADELPAUSEN

» START
Bahnhof Theisbergstegen

KM 7
1 Erdesbacher Mühle
Flussbad am Mühlenwehr

KM 11
2 Flurskapelle Ulmet
Rucksack-Frühstück am Bauerntreff

KM 13
3 Bahnhof Rathsweiler
Unter Linden sitzen

12

DIE PURE LANDLUST

Durch die Flusstäler von Glan und Lauter

Sich einfach treiben lassen und den Radelrhythmus sowie den Reiz des Unspektakulären genießen. In einer stillen Bauernlandschaft im Nordpfälzer Bergland, losgelöst von jeder inneren und äußeren Hast.

KM 26

4 Lauterecken
Bummeln und Faulenzen

KM 33

5 Oberweiler-Tiefenbach
Noch ein Kirchhof-Picknick

KM 35

6 Wolfstein
Gelato Italiano mit dem Stadtwolf

KM 36 » ZIEL
Bahnhof Wolfstein

FREI VON ALLEN VERPFLICHTUNGEN …

… ist man auf dieser leichten Streckentour. Da muss man kein Naturdenkmal ehrfürchtig bestaunen, da muss man nicht unbedingt noch eine Burg knipsen, da muss man auch nicht ständig einkehren – das ginge sowieso nur in Lauterecken und Wolfstein. Also ist man allein mit sich und seinen Gedanken. Oder man plaudert gelegentlich mit seiner Begleitung – nebeneinander herzufahren ist auf den breiten Radwegen kein Problem, da in diesen Tälern nur wenige Leute mit dem Rad unterwegs sind. Etwas Konzentration ist aber doch gefordert, denn unvermittelt könnte ein Hase, ein Reh oder ein Fuchs vor einem auftauchen. Orientierungsprobleme sind keine zu befürchten: Der Glan, der größte der allesamt kleinen pfälzischen Flüsse, und die von Kaiserslautern dem Glan entgegenströmende Lauter geben die Richtung vor.

DER SCHÖNSTE MOMENT: IN ULMET UM DIE ECKE BIEGEN, DAS WEITE TAL VOR AUGEN – WIESEN, FELDER, WEIDEN UND ERLEN

Los geht's in Theisbergstegen im Kuseler Musikantenland. Von dort zogen seit 1830 Tausende gut ausgebildete Wandermusikanten in die ganze Welt aus. Einige schafften es sogar bis zur Metropolitan Opera in New York, einer wurde zum erfolgreichen Broadway-Komponisten. Bei der Fahrt durchs Glantal ahnt man die Ursache des Wandermusikanten-Daseins: Nach bäuerlichem Reichtum und einem lockeren Auskommen sehen die Dörfer nicht aus. Landschaftlich jedoch hat das breite Tal mit seinen Auwiesen, den steilen Wiesenhängen, den Kornfeldern und Streuobstwiesen Charme.

Falls man sich von der Geruhsamkeit dieser Tour überfordert fühlt, kann man ab Rathsweiler mit Draisinen um die Wette radeln. Auf einer Länge von zehn Kilometern verläuft der Radweg nämlich parallel zu einer stillgelegten Bahntrasse, die für Draisinentouren genutzt wird.

In Lauterecken, einer schmucken Kleinstadt am Zusammenfluss von Lauter und Glan, wird es dann fast betriebsam. Die gewohnte Ruhe stellt sich aber auf dem Weg durchs Lautertal nach Wolfstein gleich wieder ein. Hier ist, anders als beim Glan, der sich meist in seinem tief gelegenen Bett versteckt, der Fluss ein ständiger Begleiter. «

Wo nur wenige Menschen wohnen, setzt man mal eben eine Puppe auf die Bank am Bauerngarten.

Oft sind es die kleinen Dinge am Wegesrand, die den Charme dieser Radtour ausmachen.

Ganz frei von Radeltrubel ist der Glan-Blies-Radweg, der in großzügigen Windungen dem Flusslauf der Glan folgt.

RADELN & GENIEßEN

START

Bahnhof Theisbergstegen

Zunächst Richtung Kusel/Altenglan, ab Altenglan ist dann Lauterecken ausgeschildert. Bis dort passt auch das Logo des Glan-Blies-Radweges, eines 130 Kilometer langen Radfernweges.

KM 7

1 Erdesbacher Mühle

Flussbad am Mühlenwehr

Die Menschen in Erdesbach sind stolz darauf, dass ihre Vorfahren noch im 19. Jahrhundert Wein anbauten. Der letzte Weinberg wurde nach dem Zweiten Weltkrieg aufgegeben, rund um das Glantaldörfchen findet man aber noch viele gut erhaltene Weinbergmauern. Stolz sind sie hier außerdem auf ihre Mühle. Gut, wenn man Badezeug eingepackt hat, denn am linken Ufer gibt es eine kleine Badestelle. Also rein in den Glan, eine weitere Badegelegenheit gibt es auf dieser Tour nicht. Stolz sind die Erdesbacher schließlich auch noch darauf, dass 2013 am Stauwehr eine Fischtreppe gebaut wurde, sodass Forellen, Barben und Döbel zu ihren Laichplätzen flussaufwärts wandern können.

Weiter Richtung Lauterecken. Nach Umfahren des etwas erhöht liegenden Dörfchens Ulmet mit einem kleinen Abstecher rechts hoch zur Flurskapelle Sankt Florus.

Der Bach rauscht noch, die Mühle klappert allerdings schon lange nicht mehr.

An einer weiten Biegung des G… liegt die Flurskapelle Ulm…

Kontraste: Eine einladende Bank, daneben ein verfallendes ehemaliges Bahnhofsgebäude.

KM 13

3 Bahnhof Rathsweiler

Unter Linden sitzen

Am Ortsrand von Rathsweiler trifft der Radweg auf die Gleise der Glantalbahn. Auf der stillgelegten Strecke steht eine etwas andere Art von Radtour an – mit der Fahrraddraisine (draisinentour.de). Startpunkt der 40 Kilometer langen Strecke ist Altenglan, wichtigster Haltepunkt Lauterecken, Endpunkt Staudernheim. Und so geht's: Zwei Personen strampeln, zwei lassen sich chauffieren. Für größere Gruppen gibt es sogar eine Konferenzdraisine mit eingebautem Konferenztisch. Vormerken für die nächste Radtour im Glantal, die Räder können auf die Draisine gepackt werden! Am Haltepunkt Rathsweiler kann man eine etwas eigenwillige Radelpause einlegen: Neben dem ehemaligen Bahnhofsgebäude mit seinem morbiden Charme gibt es unter prächtigen Linden eine Sitzgruppe.

Fast durchgehend parallel zu Bahngleisen weiter Richtung Lauterecken.

KM 11

2 Flurskapelle Ulmet

Rucksack-Frühstück am Bauerntreff

Eine ganz spezielle Atmosphäre! Wie im Mittelalter fühlt man sich bei einer Frühstückspause auf der Kirchhofsmauer der Flurskapelle Sankt Florus. Eine ursprüngliche Bauernlandschaft, so weit man schaut, nur gelegentlich erinnern Verkehrsgeräusche daran, dass man sich im 21. Jahrhundert befindet. 1000 Jahre alt ist die Feldkirche, die mehreren Dörfern als Gotteshaus dienen sollte und deshalb außerhalb bebauter Ortschaften errichtet wurde. Wichtiger als die Religion war allerdings wohl das Weltliche: Hier fanden die Bauern in unruhigen Zeiten etwas Schutz, hier traf man sich, suchte jemanden zum Heiraten, bahnte Geschäfte an.

Weiter Richtung Lauterecken. Das nächste Dorf, Rathsweiler, wird nur gestreift. An der Bahnstation schiebt man das Rad über die Gleise zum Pausenstopp.

Über eine historische Brücke geht es in die Altstadt von Lauterecken.

KM 26

4

Lauterecken

Bummeln und Faulenzen

Eine erstaunlich lebendige Kleinstadt, dieses Lauterecken im ansonsten so ruhigen Glantal! Mit vielen kleinen Geschäften in den denkmalgeschützten Gassen, mit Wochenmarkt und Cafés. Dabei doch irgendwie beschaulich. Da wird in aller Seelenruhe geplaudert, da lässt man sich beim Überqueren der Straße ganz viel Zeit. Noch geruhsamer ist es im kleinen Park am Ufer der Lauter, wo man dem Flüsschen lauscht und sich beim Anblick der aus hellem Sandstein gemauerten historischen Lauterbrücke in ferne Zeiten zurückträumt.

An der Lauterbrücke beginnt der Lautertal-Radweg nach Wolfstein. In Oberweiler-Tiefenbach lohnt ein kleiner Abstecher zur Dorfkirche.

KM 33

5

Oberweiler-Tiefenbach

Noch ein Kirchhof-Picknick

Aus heutiger Sicht seltsam überdimensioniert wirken manche Kirchen auf dem Land. So auch in dem noch nicht einmal 100 Einwohner und Einwohnerinnen zählenden Dörfchen Oberweiler-Tiefenbach. Wie in Ulmet gibt die etwas erhöht gelegene Kirche auch hier einen guten Picknickplatz ab, Aussicht über das Lautertal inklusive. Schatten findet man auf der Kirchhofsmauer, Trinkwasser auf dem Friedhof nebenan. Mit frischen Kalorien versorgt, spaziert man dann noch ein wenig herum, entdeckt neben christlichen auch jüdische Gräber, dazu ein Denkmal zu Ehren der Gefallenen und Vermissten der Weltkriege.

Weiter auf dem Lautertal-Radweg.

Auf dem Wochenmarkt in Lauterecken werden heimische Erzeugnisse angeboten.

Dem Schutz des Lautertals diente die Burg Neu-Wolfstein.

KM 35

6 **Wolfstein**

Gelato Italiano mit dem Stadtwolf

Kein Platz, sondern ein Plätzchen bildet das Ortszentrum von Wolfstein. Das lässt zumindest der Name des dortigen italienischen Restaurants vermuten: Pizzeria Gelateria La Piazzetta. Ganz so bescheiden müssen sie nicht sein in Wolfstein, bietet der Platz doch neben dem Eiscafé auch einen kapitalen Maibaum, eine Fahrradtankstelle und eine schmucke Kirche. Und einen Wolf, der etwas furchteinflößend auf einem Denkmalsockel sitzt und die Kirche anheult. Den Stadtwolf gibt's auch zweidimensional: Auf dem Stadtwappen der 1275 unter Rudolf von Habsburg gegründeten Gemeinde, die von den kleinen Burgruinen Alt- und Neuwolfstein überragt wird.

Auf der anderen Seite der Durchgangsstraße zum Bahnhof.

Bahnhof Wolfstein

Alle mit Motivation, Zeit und Ausdauer können jetzt noch 23 Kilometer dranhängen und auf dem Lautertal-Radweg bis nach Kaiserslautern durchfahren.

Auch wenn es auf dem Dorfplatz von Wolfstein noch etwas anderes zu sehen gibt – Eis hat immer Vorrang.

MIT DER DRAISINE UM DIE WETTE RADELN
JETZT WIRD DAS TAL IMMER WEITER
1 Erdesbacher Mühle
2 Flurskapelle Ulmet
3 Bahnhof Rathsweiler
START Bahnhof Theisbergstegen
Hornberg
Bockskopf 470
Kinderhell 490
Ernesberg 520
Zwerghöhe 493
Nachtigallshügel 465
Faulenberg 525
Kirrweiler
Deimberg
Obereisenbach
Sankt Julian
Niederalben
Eschenau
Leitzenberg 362
Rotenberg 445
B 420
Ulmet
Horschbach
Dennweiler-Frohnbach
Steinerne Mann 460
Sulzberg 402
Welchweiler
Erdesbach
Herrmannsberg 536
Bedesbach
Bistersberg 381
PATERSBACH
369
Blaubach
Steinerner Mann 497
Kalmet 380
Ödesberg 375
Altenglan
Hinzelberg 385
Kusel
Rammelsbach
MÜHLBACH AM GLAN
Friedelhausen
Bosenbach
B 423
Haschbach am Remigiusberg
Niederstaufenbach
Biedesbach
Föckelberg
Remigiusberg 368
Altenburg
Schellweiler
Theisbergstegen
Oberstaufenbach
Etschberg
Neunkirchen am Potzberg
GODELHAUSEN
Reichenbach-Steegen
N
0
1
2 km

AUF EINEN BLICK

- **Start:** Bahnhof Theisbergstegen (ca. 40 Min. ab Kaiserslautern)
- **Ziel:** Bahnhof Wolfstein (ca. 35 Min. bis Kaiserslautern)
- **Strecke/reine Radelzeit:** 36 km (Streckentour), 2 Std. 30. Falls man zum Ausgangspunkt zurück möchte, ist Lauterecken der natürliche Umkehrpunkt. Dort könnte man auch in den Zug nach Kaiserslautern steigen.
- **Höhenmeter:** ↗ 34 m, ↘ 45 m
- **Wegbeschaffenheit:** Fast durchgehend asphaltierte Radwege, innerorts manchmal Straße.
- **Beste Zeit:** Frühjahr bis Herbst.
- **Mitnehmen:** Sonnenschutz, Badezeug, Proviant (Einkehr in Lauterecken und Wolfstein, nicht jedoch an den Radwegen).

DIE RADELPAUSEN

>> START
Bahnhof Speyer

KM 2
1 Schiffsanlegestelle Speyer
Erst mal zum Rhein

KM 8
2 Berghäuser Altrhein
Mucksmäuschenstill in den Dschungel

KM 17
3 Waldgaststätte Im Wasserhaus
Wenn's Lischt brennt, iss uff

13 STADT-FLUSS-LAND

Vom Speyerer Kaiserdom ins Gäu

Buntes städtisches Treiben, ein wenig Trubel am Rhein, Dschungel-Atmosphäre im Auenwald, eine brettebene Bauernlandschaft, etwas Mittelalter-Historie – dies ist eine Tour der großen Kontraste.

WIE FERN IST DOCH ...

... die städtisch-zivilisierte Welt hier an diesem Altrheinarm, unter einem dichten Blätterdach, mit nichts als Vogelgeräuschen ringsherum. Kaum eine halbe Stunde zuvor hatte man in Speyer und am Rhein noch den Duft der großen weiten Welt geschnuppert und war dann auf dem Rhein-Radweg am Hochwasserdamm entlang hierher geradelt.

Nur einige Radminuten später wird man einen erneuten Szeneriewechsel erleben, bei einem Schwenk ins Bauernland, zu Spargel und Mais, Weizen und Rüben. Die Kirchturm-Silhouette von Speyer ist dann Blickfang rechts der Radstrecke, links schließen die formschönen Berge des Pfälzerwaldes den Horizont. Etwa in der Mitte der Route, nach einer langen Waldpassage, geht es hinein ins Gäu, eine landwirtschaftlich geprägte Insel der Ruhe in der ansonsten dicht besiedelten Rheinebene. Noch einmal ein Blick zu den nun schärferen Konturen der Berge, dann biegt man in den riesigen Gäuwald ein.

DER SCHÖNSTE MOMENT: NACH DER BETRIEBSAMKEIT VON SPEYER IN DEN AUENWALD EINZUTAUCHEN

Dort läuft das Rad wie von selbst und man hat Zeit, sich einmal der vorderpfälzischen Sprache anzunehmen. Die Einheimischen sagen nicht Gäu, sondern »Gää«. Das klingt aber nur dann richtig, wenn der Mund beim Sprechen »bräät is unn ned schbitz«. Dass so auf der Stelle Glückshormone ausgeschüttet werden, weiß die Wissenschaft schon lange. Zum Üben macht man während des Radelns aus Kaufen »Kääfe«, aus Laufen »Lääfe« und aus Frau »Frää«. Nun hat man den Soundtrack zum »Gääwald« im Ohr und kann es auf dem schattigen Radweg »rischdisch lääfe losse«. Noch ein Rätsel für unterwegs: Wo auf der Radstrecke war noch einmal »Goism", wo »Häälscheschdää«, wo »Gommerschm«?

Doch bei all dem nicht die Nase vergessen! Denn je nach Jahreszeit kann man im Gäuwald den Geruch von Kiefernharz, Salbei, Thymian oder wildwachsender Pfefferminze inhalieren. Nach dem Dudenhofener Wald aber kehrt man zurück in die vorwiegend menschengemachte Welt. Beim Einkehren, Bummeln und Historisches-Bestaunen in Speyer schließt sich so der Stadt-Fluss-Land-Kreis. «

RADELN & GENIEBEN

Bahnhof Speyer

Richtung Stadtmitte und links durch ein großes Stadttor, das Altpörtel, zum Dom. Rechts an ihm vorbei und durch den Dompark und die Rheinallee zur Schiffsanlegestelle.

Prächtige Fachwerkhäuser wie dieses in Gommersheim prägen das Ortsbild der Dörfer im Gäu.

KM 2

1 Schiffsanlegestelle Speyer

Erst mal zum Rhein

Das Altpörtel, ein mittelalterlicher Turm mit einem Stadttor, ist der angemessene Durchlass ins historische Speyer. Dort muss man den berühmten Dom nicht lange suchen – auf der Maximilianstraße, der Prachtstraße von Speyer, radelt man geradewegs darauf zu. Ein erster Überblick soll jetzt genügen, richtig Zeit für die Domstadt nimmt man sich am Ende der Tour. Zum Einstimmen gehört freilich der Rhein. Wie immer an diesem geschichtsbeladenen Strom hat man auch hier das Gefühl, mitten im europäischen Leben zu stehen – wenn Kreuzfahrtschiffe vorbeituckern, Lastkähne sich aus Rotterdam flussaufwärts arbeiten oder von Straßburg heruntertreiben. Entsprechend international ist das Publikum an der Schiffsanlegestelle. Noch ein Kaffee, dann macht man sich auf den Weg in die Rheinauen.

Auf 325 m Länge überspannt die Salierbrücke den Rhein bei Speyer.

Durch eine Allee am Rhein kurz flussaufwärts und an ihrem Ende durch die Geibstraße zum Anschluss an den Radweg Richtung Germersheim. Nach zwei Kilometern entlang des Rheindamms auf einem unscheinbarem Waldweg nach links zum Altrhein-Abstecher.

KM 8

2

Berghäuser Altrhein

Mucksmäuschenstill in den Dschungel

Ganz still sollte man sein, wenn man sich in den Rheinauenwald hineinwagt. Dann kann man an Tümpeln und an Altrheinarmen Kormorane, Graureiher und mit etwas Glück den bunt schillernden Eisvogel beobachten. Auch sehr seltene Vogelarten wie der Purpurreiher und der Drosselrohrsänger leben vor Ort und tragen ihren Teil zu der geheimnisvollen Geräuschkulisse bei. So ist man unvermittelt in einem echten Urwald gelandet – mit undurchdringlichem Unterholz, efeuumrankten Baumriesen, Lianen und Schilf. Uralte Buchen, Hainbuchen, Ahornbäume und Ulmen sind die Waldbäume hier, Weiden, Pappeln und Eschen säumen die Ufer. Was für ein Gegensatz zum betriebsamen Speyer!

Weiter auf dem Rhein-Radweg. Hinter einem Fußballplatz an der Gaststätte Am Altrhein vorbei nach Römerberg-Heiligenstein abbiegen. In der Dorfstraße kurz links und dann rechts nach Harthausen. Richtung Hanhofen den Ort durchqueren und vor dem Ortsende links in den Freisbacher Weg.

Unzugänglich und geheimnisvoll: die Stillgewässer der Altrheinauen.

KM 17

Waldgaststätte im Wasserhaus

Wenn's Lischt brennt, iss uff

Der Pfälzerwald-Verein ist in der Pfalz eine mächtige Institution. So wundert es nicht, dass er auch in der Rheinebene Hütten unterhält, also außerhalb des Pfälzerwaldes. Zum Beispiel am Ortsrand von Harthausen, wo die PWV-Ortsgruppe in Verpachtung die Waldgaststätte im Wasserhaus betreibt. Eine einfache Einkehrstation, deren preisgünstiges Speiseangebot an der Pfälzer Hauptachse Bratwurst-Leberknödel-Saumagen bleibt. Sich auf die variablen Öffnungszeiten einzustellen, sollte leicht fallen, sobald man das Harthausener Hüttenmotto kennt: »Wenn's Lischt brennt, iss uff«.

Weiter auf dem Radweg Richtung Edesheim. In Freisbach rechts auf den Radweg Richtung Haßloch wechseln. Über Gommersheim zum Hofladen-Abstecher am Ortsanfang von Geinsheim.

Gutes vom Gäubauern – wer würde sich da nicht verführen lassen?

KM 27

Hofladen Kästel in Geinsheim

Leckeres vom Bauern

Auch heute noch ist die Landwirtschaft der wichtigste Erwerbszweig im Gäu. Nicht umsonst heißt eine Route hier Kraut-und-Rüben-Radweg. Da gehört ein Abstecher zum Hofladen Kästel am südlichen Ortsrand von Geinsheim einfach zum Gäu-Erlebnis dazu! Dort deckt man sich erst einmal ganz gesundheitsbewusst mit saisonalen Bauernerzeugnissen ein – Kräutern, Gemüse, Salat. Und gibt dann vielleicht doch noch dem Hang zur Sünde nach, denn allzu verlockend ist auch das Angebot an Hochprozentigem – Feigenlikör, Zwetschgenbrand, Himbeergeist (www.gemuesebau-kaestel.de).

Weiter Richtung Haßloch. Kurz hinter der Fronmühle rechts auf den Radweg Richtung Speyer.

Hüttengemütlichkeit in der Rheinebene: die Waldgaststätte im Wasserhaus.

In den Baumkronen zwitschert und piepst es – der Gäuwald ist ein Vogelparadies.

Alle wetteifern um Licht: Kiefern machen im Gäuwald meist das Rennen.

KM 38

5

Gäuwald

Baumwipfel-Meditation

Im Norden des Gäu dehnt sich ein riesiges zusammenhängendes, von Bachläufen und Entwässerungsgräben durchzogenes Waldgebiet aus. Der Radweg führt teils am Rande des Gäuwaldes entlang, teils mitten hindurch. Natursensible halten unterwegs auch mal an, stellen das Rad zur Seite und schauen eine lange Weile zu den Kronen der mächtigen Kiefern auf. Waldbaden muss man das nicht nennen, eine Meditation der besonderen Art ist es aber allemal. Im Dudenhofener Wald kann man in der Schutzhütte Waldfrieden eine letzte stille Rast einlegen, bevor man wieder in die Welt des Asphalts, Betons und Autolärms zurückkehrt.

Über Dudenhofen zurück nach Speyer und abermals durchs Altpörtel in die Maximilianstraße.

KM 49

6 Speyer
Ausspannen vor historischer Kulisse

Und jetzt Speyer genauer kennen lernen! Erst mal vom Radel- in den Stadtrhythmus runterkommen – bei etwas Leckerem in einem der Restaurants in der Maximilianstraße. Dann die Historie. Im Mittelalter war Speyer eine der bedeutendsten Städte nicht nur des Heiligen Römischen Reiches, sondern ganz Europas. Im Dom, der größten erhaltenen romanischen Kirche weltweit, sind vier Kaiser und Könige des Mittelalters begraben: Salier, Staufer, Habsburger und Nassauer. Daneben gibt es noch eine ganze Reihe anderer sehenswerter Gebäude wie das historische Rathaus, zwei Klöster und mehrere Kirchen, dazu das Historische Museum der Pfalz mit seinen wechselnden Ausstellungen. Allzu viel Kultur wird man sich nach der doch langen Radtour wohl nicht zumuten, ganz profan Shoppen oder einfach nur Bummeln ist auch nicht anstößig.

Nur einen Katzensprung vom Speyerer Dom entfernt: das Historische Museum der Pfalz.

Bahnhof Speyer

Auf dem bereits bekannten Weg zum Ausgangspunkt.

Der Kaiserdom zu Speyer überragt die Maximilianstraße.

Landgasthof Zur Fronmühle
UNTER BAUMRIESEN
Speyerer Wald
Neugraben
Bruchgraben
Gäuwald
5
Waldgraben
Speyerbach
Aumühle
Hanhofen
NSG
DURCH WIESEN, FELDER UND ÄCKER
Kropsbach
Geinsheim
4
Hofladen Kästel in Geinsheim
Waldgaststätte im Wasserhaus
3
Triefenbach
Harthausen
Modenbach
Gommersheim
Hainbach
Böbingen
VORDERLOHE
Freisbach
Schwegenheim
B 9
Hainbach
Bruchgraben
Weingarten
Bründelsberg 131
Malsenberg 128
B 272
N
0
1
2 km
NIEDERLUSTADT
Lustadt
Westheim (Pfalz)
Lingenfeld

AUF EINEN BLICK

- **Start/Ziel:** Bahnhof Speyer
- **Strecke/reine Radelzeit:** 50 km (Rundtour), 3 Std.
- **Höhenmeter:** ↗ 27 m, ↘ 27 m
- **Wegbeschaffenheit:** Radwege mit Asphalt oder Feinschotter, in den Ortschaften Straßen.
- **Beste Zeit:** Ganzjährig.
- **Mitnehmen:** Sonnenschutz, viel Platz im Rucksack oder der Satteltasche für Leckeres aus dem Hofladen, Proviant (die Einkehrmöglichkeiten unterwegs sind rar).

DIE RADELPAUSEN

» START
Bahnhof Kandel

KM 9
1 Büchelberg
Orchideen suchen

KM 15
2 Scheibenhardt
Jetzt erst mal ein Eclair

KM 21
3 Bienwaldmühle
Tagträumen mit Enten

14 RADELN IM GEIST DES ZEN

Von Kandel durch den Bienwald

Der Bienwald sei langweilig. Zu flach, zu ereignislos. Oder: Der Bienwald sei magisch. Mit seinem undurchdringlich wirkenden Dschungel, den überraschenden Lichtungen, den schnurgeraden zur Meditation anregenden Wegen und Sträßchen. Ausprobieren!

AN DER FRANZÖSISCHEN GRENZE, ...

... im Dreieck Wissembourg-Kandel-Lauterbourg, liegt das größte zusammenhängende Waldgebiet der pfälzischen Rheinebene, der Bienwald. Um ihn herumzuradeln, wäre eine Sache von gut 70 Kilometern. Einfacher und auch lohnender ist eine Durchquerung von Nord nach Süd, um dann in einer weiten Schleife zum Ausgangspunkt zurückzukehren.

Kaum sitzt man im Sattel, hat die letzten Wiesen hinter sich gelassen und rollt auf schnurgeraden, schattigen Waldwegen durch den zauberhaften Niederungswald, wird man unweigerlich zum Zen-Jünger. Lässt sich auf den Fluss des Erlebens ein, versenkt sich ins Radeln, gibt sich ganz dem Hier und Jetzt hin.

DER SCHÖNSTE MOMENT: DIE VORFREUDE AUF ETWAS LECKERES IN DER BIENWALDMÜHLE

Wo keine großen Höhepunkte die Aufmerksamkeit auf sich ziehen, gewinnen die kleinen Dinge an Wert. Das Hämmern eines Spechts, das Gurren der Hohltauben, der Flügelschlag eines Wespenbussards. Der Geruch von Bärlauch und modrigen Moorböden. Das satte Grün des Königsfarns, die weißen Blüten des Wollgrases. Uralte Eichen, knorrige Hainbuchen, üppige Weiden.

Zu wissen, dass sich in der Gegend nicht nur Rehe und Wildschweine aufhalten, sondern auch Dachse, Biber und Wildkatzen, erhöht den Reiz des Bienwalds – auch wenn man größere Tiere allenfalls in der Morgen- oder Abenddämmerung zu sehen bekommt.

Plötzlich eine Lichtung, ein Kirchturm: Büchelberg, die einzige Ansiedlung im Zentrum des Bienwaldes. Doch gleich hat einen der Wald wieder und man zenradelt weiter zum Dörfchen Scheibenhardt, wo ein Fußbad in der Lauter die nächste Meditations-Übung abgibt. Dann jedoch ist Sportsgeist gefordert: Auf einem schattenlosen Nebensträßchen wirft der Asphalt unbarmherzig die Sommerhitze zurück. Wie gerufen kommt da die Waldgaststätte an der Bienwaldmühle.

In Steinfeld verlässt man den Wald, der Blick öffnet sich zum Horizont der Pfälzerwald-Berge und man ist wieder unter Menschen. Am Rande des Bienwalds geht es jetzt durch schmucke Bauerndörfer und an Rüben-, Tabaks- und Maisfeldern vorbei zügig zurück nach Kandel. «

Auf der Lauterbrücke zwischen dem pfälzischen Scheibenhardt und dem elsässischen Scheibenhard.

In Schaidt, wo der Bienwald und die Weinregion aneinandergrenzen, hat man dem Weinbau ein Brunnendenkmal gesetzt.

Ein Entwässerungsgraben, Maisfelder und hinten der Bienwald – typisch für den Rückweg von Steinfeld nach Kandel.

Radeln & Genießen

START

Bahnhof Kandel

Rechts über die Bahngleise, gleich wieder rechts, vorbei an einem Park, dann rein in den Bienwald und auf einem Radweg Richtung Büchelberg.

KM 9

Büchelberg

1 Orchideen suchen

Wie eine Insel mitten im Bienwald liegt auf einem leicht erhöhten Kalkhügel das um 1700 gegründete Dorf Büchelberg. Auf den Mähwiesen und Streuobstwiesen ringsherum können sich Pflanzenliebhaber auf die Suche nach Orchideen und seltenen Wildkräutern machen. Aber auch einfach so herumzustreifen ist ein entspanntes Erlebnis – die Zeit scheint still zu stehen. Einen Einblick in die einfache Lebensweise der alten Landbevölkerung bietet das in einem hübschen Fachwerkgebäude untergebrachte Heimatmuseum Laurentiushof (www.büchelberg.de/laurentiushof/laurentiushof.shtml).

Auf einer kaum befahrenen Landstraße Richtung Scheibenhardt rollen.

Saftpresse in Büchelberg – das Bienwalddorf ist von Streuobstwiesen umgeben.

Im elsässischen Scheibenhard scheint die Zeit stehen geblieben zu sein.

KM 15

2 Scheibenhardt
Jetzt erst mal ein Eclair

Ganz im Süden des Bienwaldes, nicht weit entfernt von Lauterbourg: ein deutsch-französisches Dorf, nur getrennt durch die Lauter, dem aus dem Dahner Felsenland kommenden Grenzflüsschen. So liegt nördlich der Lauter der deutsche Ort Scheibenhardt, südlich das französische Scheibenhard. Obligatorisch: eine Stippvisite zum französischen Teil des Dorfes – kurz mal elsässische Luft schnuppern. Auch nicht anders. Kaffee und leckere Eclairs gibt es pikanterweise im Bäckerei-Café La Minzbrueck (Hauptstr. 1a) im deutschen Scheibenhardt.

Den Straßenschildern zur Bienwaldmühle folgen.

Wasseridyll am Grenzflüsschen Lauter unweit der Bienwaldmühle.

ELSÄSSISCHER DORFCHARME

KM 21

3 Bienwaldmühle
Tagträumen mit Enten

Aus einer Handvoll Häusern besteht der Weiler Bienwaldmühle. Die meisten Besucher:innen kommen wegen dem gleichnamigen Waldgasthof hierher (bienwaldmuehle.de). Nach der Einkehr lohnt es sich, noch ein wenig umherzustreifen: Zur zwei Steinwürfe entfernten historischen Mühle, einem mächtigen Mansardengebäude aus dem 18. Jahrhundert. Gemüllert wurde hier schon im zwölften Jahrhundert, heute allerdings wird statt Mehl Strom produziert. Direkt hinter der Mühle kann man an einem Wehr ein kleines Verdauungsnickerchen machen, tagträumen oder den Enten zuschauen.

Auf der Bildstraße, einem wenig befahrenen, brettebenen Nebensträßchen nach Steinfeld.

Nach dem Bienwald: Stacheliges im Kakteenland Steinfeld.

KM 28

4 Steinfeld

Etwas Süßes geht immer

In Steinfeld hat man den Bienwald bereits verlassen. Das schmucke Dörfchen präsentiert sich auch ganz anders als die bisherigen Siedlungen, nämlich als Winzerort. In der Umgebung findet man viele Überreste des ab 1938 entstandenen Westwalls, darunter Bunker, Höckerlinien und Panzergräben. Völlig friedlich dagegen wirkt die Ortsmitte, wo man sich in der Gaststätte Zur Alten Brauerei stärken kann. Was darf's sein? Eiskaffee, Erdbeerkuchen oder doch ein deftiger Wurstsalat?

Die Radweg-Beschilderung weist jetzt immer nach Kandel. Kurz hinter Steinfeld den Abstecher zum wenige Hundert Meter vom Radweg entfernten Kakteenland nicht verpassen!

KM 30

5 Kakteenland

Stachelige Schönheiten

Auf 5000 Quadratmetern sind im Kakteenland Tausende Kakteen und andere wasserspeichernde Pflanzen zu bewundern. Drachenfrucht, Königin der Nacht, Bischofsmütze, Wüstenrose, Madagaskarpalme – welcher Pflanzenfreund könnte da noch im Sattel sitzen bleiben? Der Eintritt ist kostenlos, das Kakteenland ist eine Verkaufsausstellung (www.kakteenland.de). Im Bistro mit dem neugierig machenden Namen Zum Schwiegermuttersitz kann man sich an Kaktusgerichten, Veganem, Pfälzischem, Kaffee, Kuchen und Eis laben (www.zum-schwiegermuttersitz.de).

Über Schaidt, Freckenfeld und Minfeld nach Kandel.

Fast schon ein Muss ist ein Päuschen im Bistro Zum Schwiegermuttersitz.

Rund ums Plätzel liegen die schönsten Gassen von Kandel.

KM 43

6 Kandel

Straßendorf-Bummel

Tor zum Bienwald oder Bienwaldstadt, dieses Label haben die Tourismus-Fachleute der dörflich wirkenden Kleinstadt Kandel verpasst. Wer einmal durch eine fast endlose Dorfstraße mit kleinen Boutiquen und Geschäften, Restaurants und Cafés bummeln möchte – hier ist sie. Besonders hübsch ist es links der Hauptstraße am Plätzel neben der Kirche St. Georg. Besuchermagnet für Kinder, Jugendliche und Sportliche ist der am südlichen Ortsrand gelegene Fun Forest, ein Abenteuerpark mit 24 Hochseilparcours (kandel.funforest.de).

KM 44 » ZIEL

Bahnhof Kandel

Der Radweg-Beschilderung zum Bahnhof folgen.

Wie so oft in der pfälzischen Rheinebene ist auch in den Dörfern des Bienwaldes Fachwerk und Blumenschmuck zu bewundern

AUF EINEN BLICK

- **Start/Ziel:** Bahnhof Kandel
- **Strecke/reine Radelzeit:** 44 km (Rundtour), 3 Std.
- **Höhenmeter:** ↗ 40 m, ↘ 40 m
- **Wegbeschaffenheit:** Asphaltierte und geschotterte Radwege, verkehrsarme Nebenstraße von Büchelberg bis Steinfeld.
- **Beste Zeit:** Ganzjährig.
- **Mitnehmen:** Proviant und ausreichend Getränke (zwischen Kandel und Scheibenhardt ist man auf Mitgebrachtes angewiesen), ein Körbchen für Kakteenkäufer.

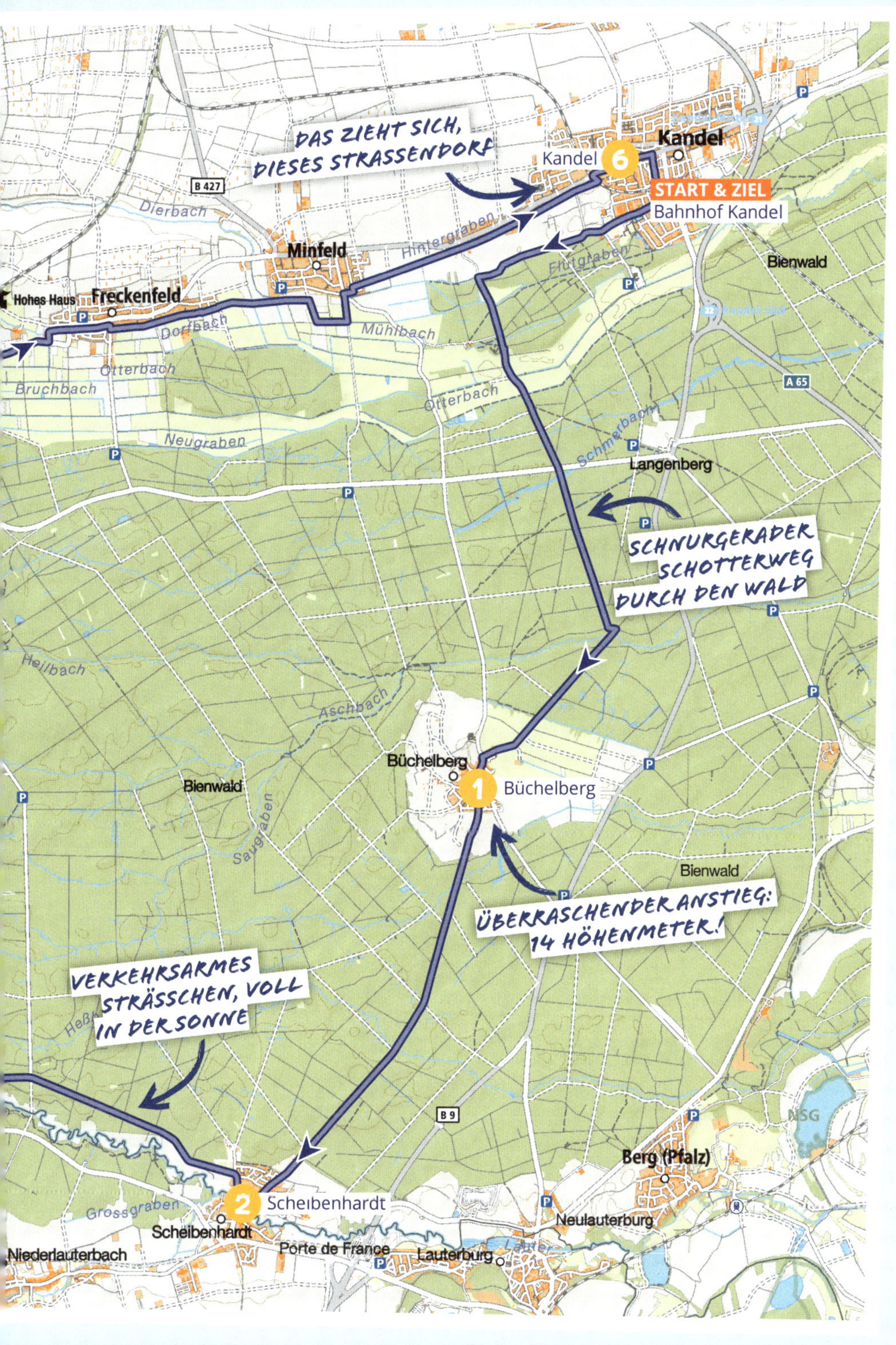
DAS ZIEHT SICH, DIESES STRASSENDORF
Kandel
6
Kandel
START & ZIEL
Bahnhof Kandel
B 427
Dierbach
Minfeld
Hintergraben
Flutgraben
Bienwald
Hohes Haus
Freckenfeld
Dorfbach
Mühlbach
Otterbach
Bruchbach
Otterbach
A 65
Neugraben
Schmerbach
Langenberg
SCHNURGERADER SCHOTTERWEG DURCH DEN WALD
Heilbach
Aschbach
Büchelberg
1
Büchelberg
Bienwald
Saugraben
Bienwald
ÜBERRASCHENDER ANSTIEG: 14 HÖHENMETER!
VERKEHRSARMES STRÄSSCHEN, VOLL IN DER SONNE
B 9
NSG
Berg (Pfalz)
2
Scheibenhardt
Grossgraben
Scheibenhardt
Neulauterburg
Niederlauterbach
Porte de France
Lauterburg
Lauter

DIE RADELPAUSEN

» START
Bahnhof Germersheim

KM 1
1 Germersheim
Zweites Frühstück in der Festungsstadt

KM 8
2 Mechtersheimer Weiher
Urlaubsfeeling am Palmenstrand

KM 23

Speyer
Relaxen unter Domtürmen

15 DEM STROM FOLGEN

Am Altrhein von Germersheim zur Blauen Adria

Entlang geheimnisvoller Auenwälder und gewundener Altrheinarme zu kieseligen Badestränden. Dazwischen Geschichte und urbanes Leben in einer der ältesten Städte Deutschlands. Der Rhein-Radweg macht's möglich.

KM 33

4 Kollersee

Action oder dolce far niente?

KM 39

5 Otterstadter Altrhein

Dem Beispiel der Angler folgen

KM 45

6 Blaue Adria

Baden mit und ohne

KM 53 » ZIEL

Bahnhof Rheingönheim

TRÄGE FLIEẞT DAS UNERGRÜNDLICHE WASSER …

… des Altrheins durch den dunklen Auenwald. Am Ufer dümpeln Nachen. Wasservögel ziehen ihre Kreise, ab und zu zieht ein Kormoran vorbei. Auf Kiesbänken versammeln sich Enten, in tiefgrünen Tümpeln tummeln sich Fische, Frösche und Molche. Von fern ist das Tuckern eines Lastkahns zu hören.

Eine ganz eigene Welt, die sich da zwischen dem erbarmungslos begradigten Rhein und der Bauernlandschaft der Rheinebene auftut. Besonders gut lernt man diese Landschaft auf dem Rhein-Radweg kennen, der dem großen Strom von der Schweiz bis zur Nordsee folgt. Da kann man's flüssig laufen lassen. Es geht ja leicht bergab, Ortsdurchfahrten gibt es nur in Speyer und den Start- und Zielorten.

DER SCHÖNSTE MOMENT: VOM BAD IM KOLLERSEE ERFRISCHT AM ALTRHEIN ENTLANG RADBUMMELN

Den Rhein selbst bekommt man erstaunlich selten zu Gesicht, der Radweg windet sich meist auf der Landseite des Rhein-Hochwasserdamms um die Altrheinarme. Also schaut man in Fahrtrichtung links zu den Siedlungen, Feldern und Wiesen der Rheinbauern, zu Pappelreihen und Bauminseln. Der geheimnisvolle Auenwald dagegen verbirgt sich meist rechts hinter dem Damm. Deshalb: Mut zu kleinen Abstechern in den Altrheindschungel und zum Hauptrhein, Gelegenheiten dazu hat man genug.

Zu beiden Seiten der Radroute liegt ein Dutzend renaturierte Baggerseen. Einige geben mit ihrem klaren Wasser und ihren Kiesstränden vorzügliche Badeplätze ab: der Mechtersheimer Weiher, der Kollersee bei Otterstadt und die Blaue Adria im Einzugsgebiet von Ludwigshafen. An Sommerwochenenden wird es an den Badeseen belebt, während der Woche oder im Frühsommer aber findet man dort immer noch ein ruhiges Plätzchen.

Was für ein starker Kontrast zu den Altrheinwassern, wenn man nach einem Drittel der Strecke auf die Domtürme von Speyer zuradelt und dann durch die historische Innenstadt bummelt!

Tipp: Schatten hat man auf dieser zwar langen, aber wenig anstrengenden Tour selten. Eine gute Kopfbedeckung und ein Sonnenschutzmittel mitnehmen! Für Abkühlung sorgen die Badegewässer und der Fahrtwind. «

Noch fahren die Lastkähne auf dem Rhein, das sommerliche Niedrigwasser hat aber schon Kiesbänke freigelegt.

Blumenwiesen und Auenwälder sind die Begleiter, wenn man auf dem Rhein-Radweg am Hochwasserdamm entlangradelt.

Auch wenn viele Nachen und Motorboote an den Ufern des Altrheins dümpeln: Auf dem Wasser ist es meist ruhig.

RADELN & GENIEßEN

Bahnhof Germersheim

Falls man nicht gleich zielgerichtet losradeln möchte: Ab in die Innenstadt und zu den Festungsanlagen!

Am Mechtersheimer Weiher verspricht die SunSeeBar Strandfeeling.

KM 1

1 Germersheim

Zweites Frühstück in der Festungsstadt

Wenn man schon einmal hier ist: Für Germersheim kann man gerne ein bis zwei Stunden einplanen. Schnell erschließt sich, warum der Ort mit 20 000 Einwohnenden als Festungsstadt bezeichnet wird. Das wuchtige Ludwigs-Tor, das ehemalige Zeughaus, in dem heute das Deutsche Straßenmuseum untergebracht ist, und das 1839 unter bayrischer Herrschaft erbaute Prunkstück der Festungsanlage, das Weißenburger Tor – beeindruckende Militärbauten allesamt. Und diese Plätze! Dörflich-lauschig der Kirchenplatz, prunkvoll der Luitpoldplatz, militärisch-streng der Paradeplatz. Gelegenheiten für ein Kaffee-Croissant-Frühstück lassen sich dort leicht finden.

Zurück zum Bahnhof und auf dem Rhein-Radweg Richtung Speyer. 400 m hinter dem ersten Badeplatz am Mechtersheimer Weiher kommt der Abstecher zur SunSeeBar.

Historische Gebäude und Denkmäler, neues Pflaster – der Paradeplatz in Germersheim verbindet Tradition und Moderne.

Nach den Rheinauen eine Prise Kultur: der Kaiserdom in Speyer.

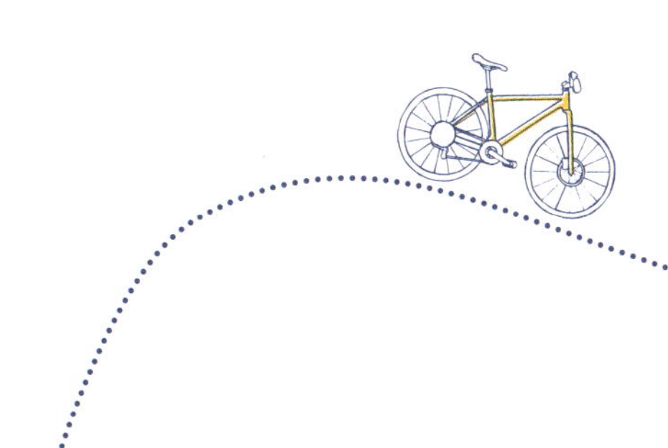

KM 8

2 Mechtersheimer Weiher
Urlaubsfeeling am Palmenstrand

Der erste Baggersee der Tour! Eigentlich zwei durch einen Sanddamm voneinander getrennte, der Große und der Kleine Weiher. Gebadet wird im größeren, entweder an einem Traditionsstrand direkt am Radweg oder – mit einem kleinen Abstecher – am Ostufer. Dort findet man alles, was cooles Strandleben ausmacht: eine Beachbar unter Palmen (www.sunseebar.de), einen kieselig-sandigen Strand, Sonnenliegen und eine völlig entspannte Atmosphäre. So urlaubsmäßig-unschuldig die Baggerseen heute auch wirken – ihr historischer Hintergrund ist ein dunkler: Für den Bau des Westwalls in den Jahren 1936 bis 1940 wurde eine Unmenge des Kieses benötigt, den der Rhein in Jahrmillionen aus den Alpen hierher transportiert hatte.

Zurück zum Radweg Richtung Speyer. In Sichtweite von Speyer aufpassen, um einen plötzlichen Linksschwenk nicht zu verpassen.

KM 23

3 Speyer
Relaxen unter Domtürmen

Wer zum ersten Mal nach Speyer kommt, eine der ältesten Städte Deutschlands, wird zunächst einmal beeindruckt sein von der Fülle der Kirchenbauten. Dem Kaiserdom mit dem Domgarten, der Dreifaltigkeitskirche, der Gedächtniskirche, den Klöstern St. Dominikus und St. Magdalena. Beim Bummel durch die Prachtstraße der Stadt, die vom Stadttor Altpörtel auf den Dom zulaufende Maximilianstraße, rückt aber doch schnell das Weltliche in den Vordergrund. Das internationale Publikum, die Geschäfte, Restaurants und Cafés, das historische Rathaus. Wer Lust auf mehr hat, radelt noch durch die Speyerer Altstadt und schaut sich – so Tag und Uhrzeit passen – den traditionsreichen Fischmarkt an.

Am Domplatz weisen Radschilder Richtung Ludwigshafen. Den Rhein-Radweg etwa sieben Kilometer hinter Speyer für den Abstecher zum Kollersee verlassen und den Schildern zur Rheinfähre Brühl folgen. Nach zwei Kilometern links zum Camping Kollersee abzweigen.

Kiesstrände und Auenwälder begleiten diesen Segler am Kollersee.

KM 33

Kollersee

Action oder dolce far niente?

Sehr speziell ist er, dieser Badesee auf der Kollerinsel. Obwohl auf der linken Rheinseite, gehört diese fast vollständig vom Rhein und dem Otterstädter Altrhein umgebene Halbinsel doch zum baden-württembergischen Brühl. Von März bis Oktober kann man mit einer Rheinfähre dorthin übersetzen. Wer gern badet, Kieselsteine wirft, sich sonnt und Wassersport betreibt, schätzt am Kollersee das ursprüngliche Erlebnis, gibt es doch weder sanitäre Einrichtungen noch Umkleidekabinen oder einen Kiosk. Dafür aber ausgedehnte kieselige Strände. Besonders schön sind jene am Nordostufer in der Nähe eines Campingplatzes. Dort kann man auch ein Kanu oder Kajak ausleihen und zu den Leberwurstinseln paddeln – die heißen wirklich so (inselcamping-kollersee.de). Oder wie wär's einfach mal mit *dolce far niente*, dem süßen Nichtstun?

Auf dem gleichen Weg wieder zurück zum Rhein-Radweg und an Otterstadt vorbei Richtung Ludwigshafen. An der Altrheinklause Waldsee rechts zum Wasser.

KM 39

Otterstadter Altrhein

Dem Beispiel der Angler folgen

Eine besondere Spezies, diese Leute, die ihre Freizeit mit Angeln verbringen! Wie sie da auf den Kiesbänken am Otterstadter Altrhein sitzend, stehend, plaudernd zu vergessen scheinen, dass es so etwas wie Uhren gibt. Beißt ein Hecht, Aal oder Wels an, freuen sie sich. Wenn nicht – auch gut. Nur im Hier und Jetzt sein – geht doch! Nachdem man sich vorgenommen hat, ein wenig von dieser Mentalität mit nach Hause zu nehmen, kann man in der Altrheinklause Waldsee mit Blick aufs Wasser noch etwas für seinen Kalorienhaushalt tun – auf der Speisekarte stehen Burger, Fischgerichte und Pfälzer Spezialitäten (www.altrheinklause.de).

Zurück zum Radweg. Nicht rechts nach Altrip abbiegen, sondern geradeaus weiter, nach einem Kilometer den Radweg verlassen und links auf einem schmalen Weg zum Strandimbiss an der Blauen Adria.

Ein Idyll in Grün: Angler am Otterstadter Altrhein.

KM 45

6 Blaue Adria

Baden mit und ohne

Die haben Humor, die Menschen aus der Rheinpfalz! Und Selbstbewusstsein, haben sie doch dem größten Badesee inmitten von Altrheinschlingen und aufgegebenen Baggerseen bei Altrip kurzerhand den Namen Blaue Adria verpasst. Sympathischer Hintergrund: Auf Initiative eines Zahnarztes aus Heidelberg wurde das zuvor vernachlässigte Ödland in den 1950er-Jahren gezielt in ein Naherholungsgebiet umgewandelt. Gedacht hat man dabei vor allem an jene Bürger, die sich zu Beginn des deutschen Wirtschaftswunders einen echten Adria-Urlaub nicht leisten konnten. Heute gibt es hier einen Campingplatz, ein Hotel und eine Menge Wochenendhäuser. Und natürlich die zwei überwachten Sandstrände, einer davon mit Kiosk und Toiletten. Auf einer etwas abgelegenen Landzunge ist FKK zwar nicht offiziell vorgesehen, aber üblich.

Vom Strandimbiss auf einer schmalen Piste geradeaus weiter über einen Damm und rechts durch die Adriastraße. Nach drei Kilometern kommt man wieder zum Radweg. In Rheingönheim immer geradeaus durch die Hauptstraße, dann rechts in die Eisenbahnstraße und zum Bahnhof.

EXTRA INFOS:

Im letzten Tourendrittel kann man gepflegt einkehren im ● **Restaurant Rheinblick** am Jachthafen der Segelgemeinschaft Waldsee (www.rheinblickwaldsee.de).

Wer am Kollersee einen Narren gefressen hat, aufgepasst! Am ● **Inselcamping** gibt es ausgefallene Übernachtungsmöglichkeiten – im Planwagen, im Schäferwagen oder in einer Zeltlodge (www.camping-kollersee.de).

Bahnhof Rheingönheim

Außerhalb der Badesaison herrscht an der Blauen Adria nur wenig Betrieb.

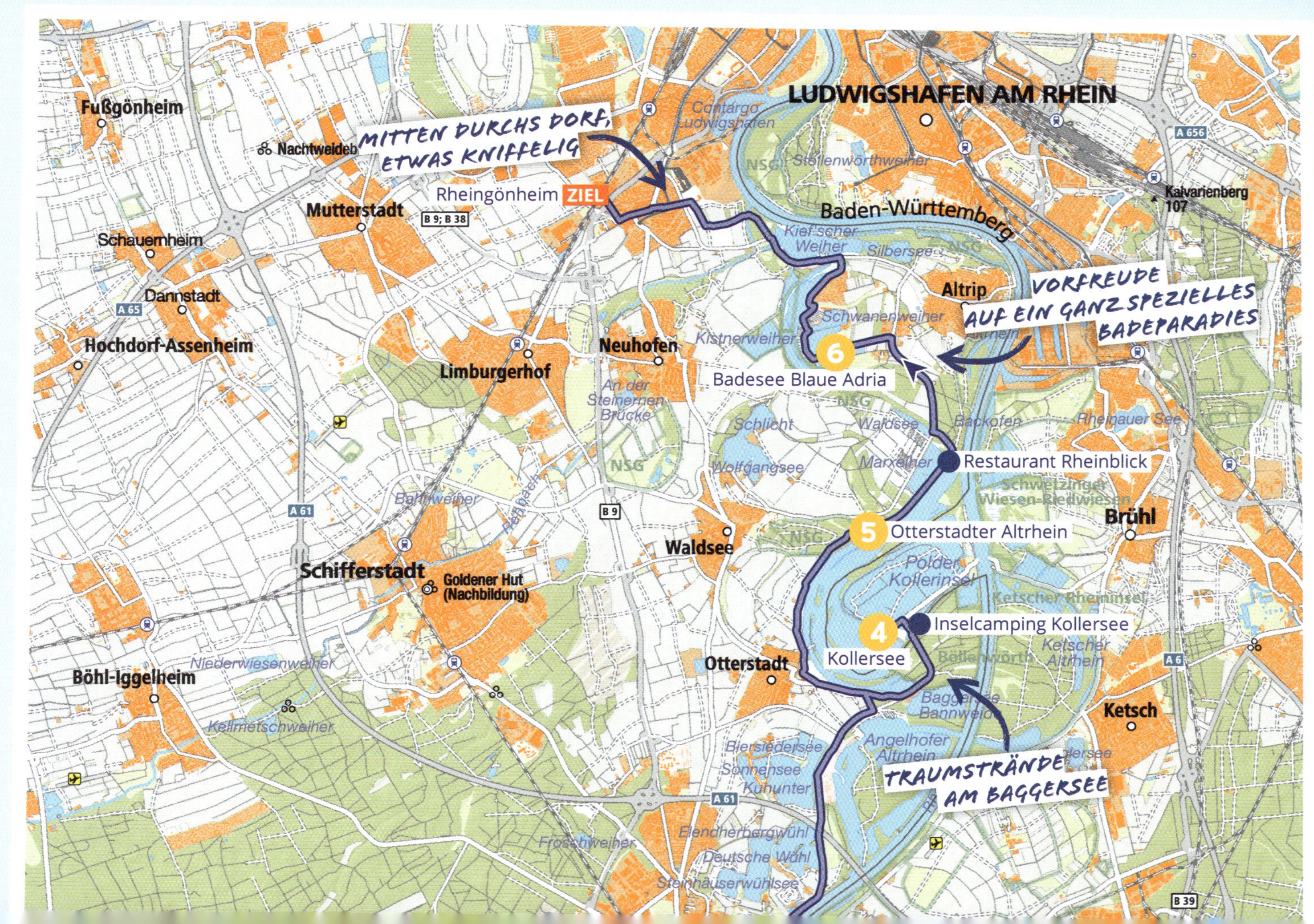

LUDWIGSHAFEN AM RHEIN
MITTEN DURCHS DORF, ETWAS KNIFFELIG
VORFREUDE AUF EIN GANZ SPEZIELLES BADEPARADIES
TRAUMSTRÄNDE AM BAGGERSEE
Rheingönheim ZIEL
6 Badesee Blaue Adria
Restaurant Rheinblick
5 Otterstadter Altrhein
Inselcamping Kollersee
4 Kollersee
Baden-Württemberg
Fußgönheim
Nachtweide
Mutterstadt
Schauernheim
Dannstadt
Hochdorf-Assenheim
Limburgerhof
Neuhofen
Altrip
Schifferstadt
Goldener Hut (Nachbildung)
Waldsee
Otterstadt
Böhl-Iggelheim
Brühl
Ketsch
Kalvarienberg 107
Contargo Ludwigshafen
Stollenwörthweiher
Kief'scher Weiher
Silbersee
Schwanenweiher
Kistnerweiher
An der Steinernen Brücke
Schlicht
Waldsee
Marxweiher
Wolfgangsee
Backofen
Rheinauer See
Schwetzinger Wiesen-Riedwiesen
Polder Kollerinsel
Ketscher Rheininsel
Ketscher Altrhein
Angelhofer Altrhein
Biersiedersee
Sonnensee
Kuhunter
Elendherbergwühl
Deutsche Wühl
Steinhäuserwühlsee
Niederwiesenweiher
Kellmetschweiher
Froschweiher
Bahnweiher
NSG
A 656
A 65
A 61
A 6
B 9
B 9; B 38
B 39

AUF EINEN BLICK

- **Start:** Bahnhof Germersheim
- **Ziel:** Bahnhof Rheingönheim (mit der S-Bahn ca. 6 Min. bis Hauptbahnhof Ludwigshafen)
- **Strecke/reine Radelzeit:** 53 km (Streckentour), 3 Std. 30; kürzere Variante ab Speyer 32 km, 2 Std.
- **Höhenmeter:** ↗ 14 m, ↘ 29 m
- **Wegbeschaffenheit:** Fast durchgehend asphaltierter Radweg, innerorts manchmal Straße, kurze Schotter- und Naturwegpassagen.
- **Beste Zeit:** Ganzjährig. Im Hochsommer ist es an den Seen aber mitunter ziemlich voll.
- **Mitnehmen:** Badezeug, Proviant, Sonnenschutz und Insektenschutz für Abstecher in den Auenwald.

DIE RADELPAUSEN

>> START
Bahnhof Godramstein

KM 4
1 Birkweiler
Der Klang des Weines

KM 8
2 Leinsweiler
Nach dem Schwitzen das Picknick

KM 16
3 Vinothek an der Genossenschaft Ilbesheim
Außen so lala, innen oh, là là

16 Pässe, Picknick & Pedale

Von Godramstein zur Kleinen Kalmit

Eine Panoramatour an der Südlichen Weinstraße, wo die Winzerdörfer besonders ursprünglich, die Weinberge besonders elegant und die Gipfel besonders markant sind. Und wo die Leckereien aus dem Rucksack besonders gut schmecken.

KM 18

4 Ilbesheim
So einfach kann Verlieben sein

KM 19

5 Kleine Kalmit
Picknick auf dem Römerhügel

KM 22 » ZIEL
Bahnhof Godramstein

GANZ SCHÖN IN DIE PEDALE STEIGEN ...

... muss man an diesem kleinen Pass! Aber gleich kann man's ja wieder rollen lassen, hinunter zum nächsten Weindorf. Viermal auf dieser Radtour geht das so. Auf einen kurzen Anstieg folgt eine schwungvolle Abfahrt. Anspannung, Entspannung. Anspannung, Entspannung. Und jedes Mal ist man wieder neugierig, wie es wohl hinter der nächsten Anhöhe aussieht. Kann man sich doch kaum sattsehen an dieser harmonischen Landschaft mit ihren Rebenhängen und Pappelalleen vor den steil aufragenden Bergen.

Neun Winzerdörfer liegen am Weg, eines schöner als das andere. Und so herrlich ruhig, denn die Touristen sammeln sich weiter im Norden der Deutschen Weinstraße, um Edenkoben, Neustadt oder Bad Dürkheim. Hier zwischen Siebeldingen und Eschbach ticken die Uhren langsamer.

DER SCHÖNSTE MOMENT: AUF DIE KLEINE KALMIT ZUROLLEN UND SICH SCHON AUF DAS PICKNICK AN DER KAPELLE FREUEN

So nimmt man sich Zeit beim Betrachten der Weinranken über den engen Dorfstraßen, der liebevoll gestalteten Fassaden, der alten Dorfbrunnen. Dazwischen schaut man immer wieder hinauf zu den Höhenzügen des Pfälzerwaldes und entdeckt dort ständig neue Burgen – zuerst die Madenburg, dann Neukastel und Scharfenberg, manchmal lugt auch die Reichsfeste Burg Trifels zwischen den Kegelbergen hervor. Am Himmel ziehen Paraglider:innen ihre Kreise. Ihre Startplätze liegen am Hohenberg und am Föhrlenberg, die Aufwinde kommen von den Rebenhängen um Birkweiler, Ranschbach und Leinsweiler.

Den großen Radelrhythmus gibt das Auf und Ab der Weinberge vor, den kleinen steuern die Waschbetonplatten der Winzerwege bei. Willensstärke oder einen gut geladenen Akku fordert der letzte Aufstieg zur Kleinen Kalmit, diesem eigenwillig aus der Rheinebene ragenden Hügel, der während der Fahrt immer wieder den Blick auf sich gezogen hat. Oben angekommen, ist jede Anstrengung sofort vergessen: Was für ein Panorama, was für ein Picknickplatz!

Bei der letzten Weinberg-Abfahrt ist Bremsbereitschaft gefordert – die Winzerwege sind dafür bekannt, dass dort gern mal unvermittelt ein Feldhase über den Weg hoppelt. «

Vorne die Reben, hinten die Pfälzerwaldberge – die Deutsche Weinstraße ist eine Landschaft der Kontraste.

Pflastergassen und ein in Buntsandstein gefasster Dorfbrunnen – ein Winzerdorf wie Eschbach hat einfach Charme.

Der Herbst hat Einzug gehalten und färbt Weinberge und Pappelalleen ein.

RADELN & GENIEßEN

START

Bahnhof Godramstein

Vom Bahnhof linkshaltend durch die Dorfstraße Richtung Siebeldingen, dort gleich links in die Jahnstraße und mit der Radbeschilderung Richtung Bad Bergzabern nach Birkweiler und an der Kirche vorbei durch den Ort.

KM 4

Birkweiler

Der Klang des Weines

Waren Godramstein und Siebeldingen die Appetithäppchen, so beginnt in Birkweiler der Winzerdorf-Hauptgang dieser Tour. Hier wird man auch einmal vom Sattel steigen, um das malerisch in eine Senke am Fuß des Hohenberges eingebettete Dörfchen in vollen Zügen auszukosten. Um durch die engen Gässchen zu bummeln, die Architektur der kleinen Häuschen zu bewundern und die beiden Kirchen zu inspizieren, eine aus ockerfarbenem, die andere aus rotem Sandstein errichtet. Die Musik dazu liefert – zumindest bei Weinkennern – der Klang der Birkweilerer Weinlagen Keschdebusch, Mandelberg und Rosenberg.

Weiter Richtung Bad Bergzabern und auf dem Radweg über Ranschbach nach Leinsweiler.

Leinsweiler mit dem Slevogthof, wo der Maler Max Slevogt lebte und arbeitete.

KM 8

Leinsweiler

Nach dem Schwitzen das Picknick

Auf der Kleinen Kalmit: Weinbergpicknick mit Blick auf Landau.

Schon in der Altsteinzeit haben sich Menschen hier niedergelassen, vermutlich der windgeschützten Lage in einem kleinen Tal wegen. Hoch über dem kleinen Winzerdorf klammert sich ein herrschaftliches Anwesen an den Hang, der Slevogthof. Dort lebte der impressionistische Maler Max Slevogt, der seine Motive anders als damals üblich gern gleich draußen zu Ende malte. Zu Fuß ist man in einer schweißtreibenden Viertelstunde oben, mit dem Rad geht's vermutlich schneller. Exklusive Picknickplätze mit einem weiten Blick nach Süden gibt es mehrere. Wer lieber unten bleibt, kann im Hotel-Restaurant Castell einkehren (www.hotel-castell-leinsweiler.de).

Richtung Bad Bergzabern hinauf zum Leinsweiler Hof. Vor dem Hotel links auf einem Waschbeton-Winzerweg zu einem Rastplatz mit Holzbank. Rechts mit der Radweg-Beschilderung Bad Bergzabern nach Eschbach und durch den Ort. Dahinter nach Göcklingen abbiegen, im Ort links Richtung Landau.

KM 16

Vinothek der Winzergenossenschaft Ilbesheim

Außen so lala, innen oh, là, là

Wie ein Fremdkörper wirkt er inmitten der Weinberge, dieser massige rostrote Zweckbau der Winzergenossenschaft Ilbesheim. Drinnen dann aber die Vinothek: Oh là là! Geschmackvoller gestaltet könnte ein Platz für eine Weinprobe kaum sein. Falls man es mit dem Rebensaft nicht so hat – hier findet man einiges, mit dem man die Lieben zu Hause beglücken kann: exquisite Varianten von Senf, Speiseöl oder Gelee. Die Vinothek ist einer von mehreren Standorten der Winzergenossenschaft Deutsches Weintor, in der sich 500 Winzerfamilien der Südlichen Weinstraße zusammengeschlossen haben (www.weintor.de/vinotheken).

Weiter Richtung Landau, nach Ilbesheim abzweigen und hinunter in die Ortsmitte.

Ilbesheim: Welch stilvolles Ambiente für eine Weinprobe!

Mut zur Farbe beweist das über 400 Jahre alte Rathaus von Ilbesheim.

KM 18

4

Ilbesheim

So einfach kann Verlieben sein

»Verlieb' Dich in Ilbesheim!« – mit diesem Slogan begrüßt das Winzerdorf seine Gäste. Das sollte leichtfallen, hat der von Durchgangsverkehr befreite Ort doch seinen speziellen Charme. Und das liegt nicht nur am historischen Ortskern mit seinem Fachwerk-Rathaus und den Winzerhöfen, sondern auch an »alla hopp!«. So heißt ein Projekt der Dietmar Hopp Stiftung, das die Menschen im Rhein-Neckar-Raum für Bewegung und ein aktives Leben begeistern möchte. Eine von insgesamt 19 alla-hopp!-Anlagen liegt unweit der Ilbesheimer Dorfmitte. Mindestens anschauen, vielleicht sogar Turnen wie ein Affe! Affen, so lautet passenderweise der Spitzname der Ilbesheimer. Sie tragen ihn mit Stolz, weisen aber auch darauf hin, dass die Arzheimer und Eschbacher Nachbarn Stallhasen und Esel genannt werden.

Am Rathaus links, dann rechts in die Frühmeß-Straße. Bei erster Gelegenheit links ab und erst auf Waschbeton, dann auf Schotter hinauf zur Kleinen Kalmit.

Blumenschmuck allenthalben – an der Weinstraße putzt man seine Häuschen raus.

Leckeres auf dem Picknicktisch, Blick auf Ilbesheim und die Weinberge. Herrlich!

DER SCHÖNSTE RASTPLATZ AN DER WEINSTRASSE

KM 22 » ZIEL

Bahnhof Godramstein

KM 19

5 Kleine Kalmit

Picknick auf dem Römerhügel

Nur um 70 Meter überragt der Gipfel der Kleinen Kalmit seine Umgebung. Genug für einen einzigartigen Blick auf das Rebenmeer der Südlichen Weinstraße und die Postkarten-Silhouette der Pfälzerwald-Gipfel dahinter. Rund um die kleine Mater-Dolorosa-Kapelle auf dem höchsten Punkt des Hügels gibt es mehrere hölzerne Sitzgruppen. Wer seinen Rucksack auf dieser Radtour nicht liebevoll mit Picknick-Leckereien bestückt hat, wird sich spätestens auf der Kleinen Kalmit gewaltig ärgern. Dieser einzigartige Aussichtspunkt hat etwas Besseres verdient als Salamibrot und Käsestulle. Was wohl die Menschen der Mittelsteinzeit, der Kelten- und der Römerzeit verspeist haben, die hier siedelten? Letztere nutzten jedenfalls die besonders sonnige Lage der Kleinen Kalmit, um den ersten Weinberg der Pfalz zu bestellen.

Von der Kapelle kurz nach Norden und gleich ohne Beschilderung rechts auf dem Winzerweg bergab nach Arzheim. Dort dem Sträßchen nach Godramstein folgen.

Über uralten Wingerten thront die Mater-Dolorosa-Kapelle auf der Kleinen Kalmit.

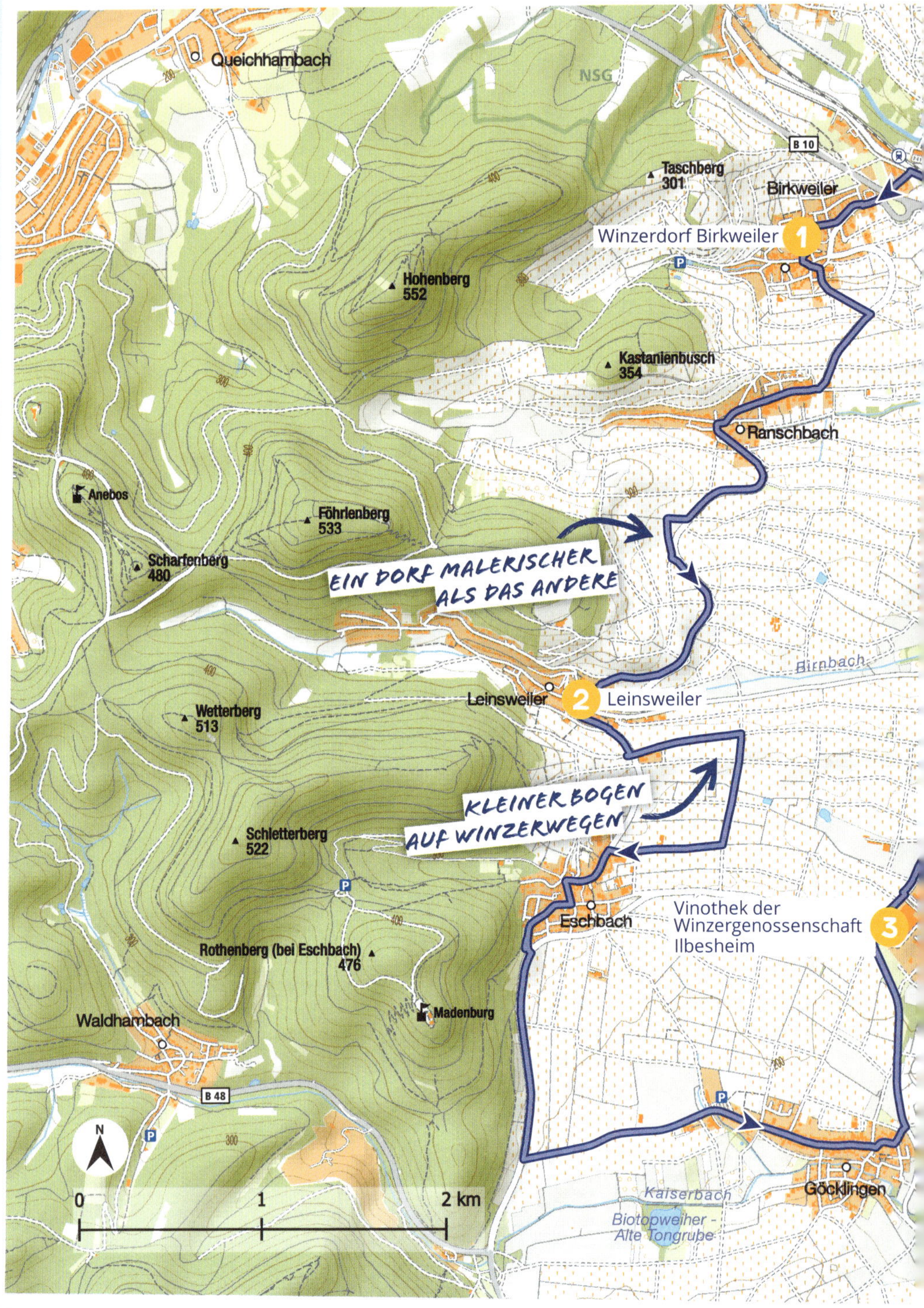
Queichhambach
NSG
B 10
Taschberg 301
Birkweiler
Winzerdorf Birkweiler
1
Hohenberg 552
Kastanienbusch 354
Ranschbach
Anebos
Föhrlenberg 533
Scharfenberg 480
EIN DORF MALERISCHER ALS DAS ANDERE
Birnbach
Leinsweiler
2
Leinsweiler
Wetterberg 513
KLEINER BOGEN AUF WINZERWEGEN
Schletterberg 522
Eschbach
Vinothek der Winzergenossenschaft Ilbesheim
3
Rothenberg (bei Eschbach) 476
Madenburg
Waldhambach
B 48
N
0
1
2 km
Kaiserbach
Göcklingen
Biotopweiher - Alte Tongrube

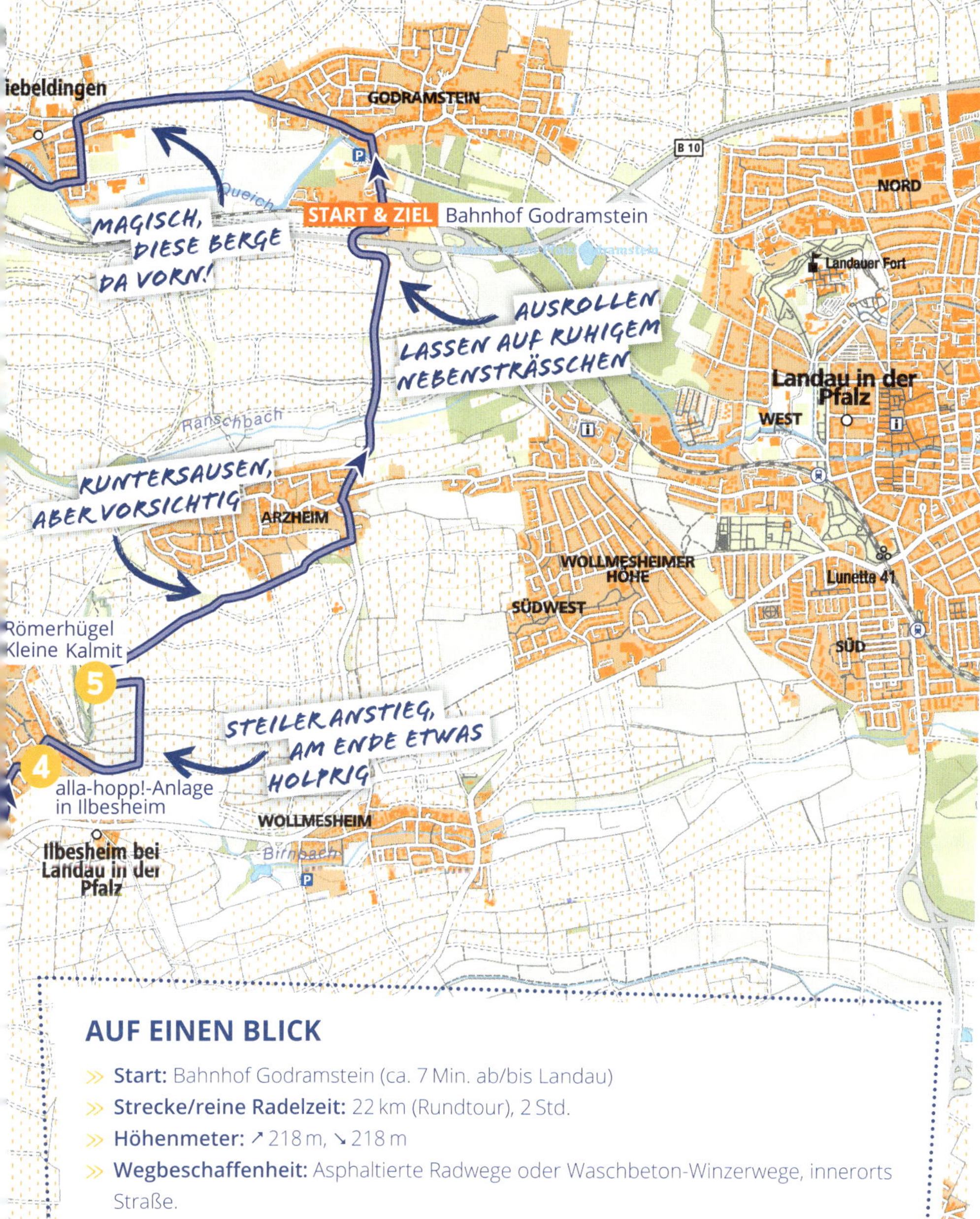

AUF EINEN BLICK

- **Start:** Bahnhof Godramstein (ca. 7 Min. ab/bis Landau)
- **Strecke/reine Radelzeit:** 22 km (Rundtour), 2 Std.
- **Höhenmeter:** ↗ 218 m, ↘ 218 m
- **Wegbeschaffenheit:** Asphaltierte Radwege oder Waschbeton-Winzerwege, innerorts Straße.
- **Beste Zeit:** Spätsommer oder Herbst wegen der Färbung der Weinberge.
- **Mitnehmen:** Sonnenschutz, Picknickproviant (die Weinlokale öffnen meist erst gegen Abend), Platz im Rucksack für Mitbringsel.

DIE RADELPAUSEN

» START
Bahnhof Kaiserslautern-Hohenecken

KM 3
1 Gelterswoog-Südufer
Die Morgenstimmung genießen

KM 14
2 Schweinstal
Kunst im Wald

KM 19
3 Naturfreundehaus Finsterbrunnertal
Ausnahmsweise leichte Kost

17

KONTRAST-PROGRAMM

Über den Gelterswoog zur Karlstalklamm

Eine moorige Tallandschaft, stille Wooge, eine zauberhafte Klamm. Dazu ein nostalgisches Strandbad, Kunst im Wald, lauschige Gaststätten. Diesen Mix aus Natur und Menschenwerk erlebt man auf einer Radtour im Süden von Kaiserslautern.

KM 21

4 Unterhammer
Kaffeepause am Industriedenkmal

KM 22

5 Karlstalklamm
Spaziergang am sprudelnden Bach

KM 31

6 Strandbad Gelterswoog
Wellnessbad im Moorwasser

KM 33 » ZIEL
Bahnhof Kaiserslautern-Hohenecken

SCHILF SCHWANKT IN EINER LEICHTEN BRISE, ...

... Kiefern spiegeln sich im dunklen Moorwasser, am Ufer dümpeln ein paar Boote. Der Morgennebel löst sich langsam auf, das Strandbad gegenüber ist menschenleer, der Gelterswoog liegt noch im Schlaf. Jetzt schon schwimmen, eine Viertelstunde nach dem Aufbruch? Oder doch bald weiter ins naturgeschützte Walkmühltal?

Von dort kommt der Zufluss des Badesees. Ein dünnes Rinnsal nur, der Gelterswoog hat ein Wasserproblem. Wie eh und je gefüllt aber sind die fünf Fischwooge, die sich im oberen Walkmühltal aneinanderreihen. Hier endet die moorige Tallandschaft, und es geht hinauf in einen dunklen Wald, der schnell durch üppige Wiesen abgelöst wird.

DER SCHÖNSTE MOMENT: IN DER KARLSTALKLAMM DIE BEINE IM WASSER BAUMELN LASSEN UND DEN KLÄNGEN DER MOOSALB LAUSCHEN

Staunen ist angesagt beim gemütlichen Bergabrollen im waldigen Schweinstal: Was man mit Sandstein doch so alles anfangen kann! Über ein Dutzend Skulpturen haben Kunstschaffende aufgestellt. Immer wieder wird man anhalten, mal den Kopf in ein tiefes Loch stecken, mal mit Klangstäben experimentieren, mal auf einem sinnlichen Steinbuckel rumkraxeln.

Im Karlstal, wo einige Gebäudeensembles an vergangene Eisenindustrie-Zeiten erinnern, locken ganz andere Sinnenfreuden: Pfälzer Kost im Naturfreundehaus Finsterbrunnertal, Kaffee und Kuchen im Café am Unterhammer. Doch das spart man sich vielleicht besser für den Rückweg auf, denn zuerst muss die Neugier auf die Karlstalklamm befriedigt werden!

Also am Oberhammer zu Fuß weiter. Und schon ist man dem Zauber der schönsten pfälzischen Klamm verfallen. Moosig-feucht riecht es hier, ein kühler Wind streicht durch die Blockhalden der steilen Berghänge. Und welche Klänge doch die junge Moosalb beim Tanz über Steine und Wurzeln produziert!

Krönender Abschluss der Tour: das nostalgische Strandbad Gelterswoog. Gut, wenn man erst am Spätnachmittag ankommt. Dann hat sich der Badetrubel gelegt, und man kann in aller Ruhe das volle Programm genießen: Schwimmen, Eis, Pommes, Currywurst. Vielleicht ein Ruderboot oder Kanu ausleihen. Und dann vom Badesteg in die untergehende Sonne blinzeln. «

Doch gut, wenn man noch etwas Platz im Radlerrucksack hat: Leckeres aus dem Garten am Unterhammer.

Die Boote zeigen es: Am Gelterswoog bei Hohenecken trifft Sportliches auf Gemütliches.

Nach einem kräftigen Anstieg an einem Rastplatz bei Queidersbach die Füße im Wasser baumeln lassen – das passt.

RADELN & GENIEßEN

START
Bahnhof Kaiserslautern-Hohenecken

Radschilder weisen zum Gelterswoog. Den lässt man vorerst rechts liegen, fährt weiter geradeaus zum Seehotel, rechts herum kurz Richtung Campingplatz und gleich auf einem Waldweg zum Südufer.

KM 3

Gelterswoog-Südufer

1 Die Morgenstimmung genießen

Schauen, Baden, Sporteln, Relaxen? Am größten pfälzischen Badesee findet jeder das Passende. Aufgestaut wurde der Gelterswoog im Mittelalter. Damals war die Fischzucht ein wichtiger Wirtschaftsfaktor und rund um Kaiserslautern gab es ein ganzes Netz von Fischwoogen. Als der Fisch später an Bedeutung verlor, wurden viele Weiher trockengelegt, das freigewordene Land nutzte man als Viehweide. Der Gelterswoog blieb glücklicherweise davon verschont. Am Südufer hat man den schönsten Blick in den naturgeschützten, von Schilf gesäumten Teil des Sees.

Hinter dem See auf die rechte Talseite wechseln, talaufwärts zu einer Schutzhütte und von dort immer linkshaltend zu den Fischweihern. Nach einem Anstieg links, an der nächsten Weggabelung rechts, hinab in ein Wiesental, links zum Sportgelände von Queidersbach und parallel zur Straße links hinauf zu einem Wanderparkplatz. Dort beginnt das Waldsträßchen ins Schweinstal.

So also machen die das! Steinsäge auf dem Skulpturenweg im Schweinstal.

Frühmorgens am Gelterswoog – noch sind die Badegäste nicht da.

KM 14

2 Schweinstal
Kunst im Wald

Das durchgehend bewaldete Schweinstal bildet das Kernstück des Pfälzischen Skulpturenweges. Bei internationalen Bildhauersymposien entstanden 1986 mehr als 30 Kunstwerke, die in einem spannungsreichen Kontrast zur Umgebung stehen, sich aber auch harmonisch in die Natur einfügen. »Steinerne Blume«, »Lebensbaum«, »Gespräche zum Teich«, so haben die Kunstschaffenden ihre Werke betitelt. Das Material gab es gleich um die Ecke, in einem seit Generationen von der Familie Picard betriebenen Steinbruch – den Weg weist das durchdringende Kreischen von Steinsägen.

An der vielbefahrenen B 270 endet das Schweinstal und man radelt schräg gegenüber auf einer nach Trippstadt führenden Nebenstraße durch das Karlstal.

KM 19

3 Naturfreundehaus Finsterbrunnertal
Ausnahmsweise leichte Kost

Radeln macht hungrig. Also unbedingt einkehren im Naturfreundehaus Finsterbrunnertal, einer traditionsreichen Sommerfrische am Eingang des gleichnamigen Tals. Wie immer in Häusern der Naturfreunde findet man auch hier ein preiswertes Speiseangebot (www.naturfreundehaus-finsterbrunnertal.de). Jetzt zeigt sich Charakterstärke: Die Vernunft mahnt zu leichter Kost. Vielleicht Weißer Kees – so heißt der Speisequark hierzulande – mit Bauernbrot, Zwiebeln und Butter? Oder doch schwach werden beim Geruch von Leberknödeln und Sauerkraut?

Weiter talaufwärts auf der Straße.

Weißer Kees – die ideale leichte Zwischenmahlzeit auf einer Radtour.

KM 21

4

Unterhammer

Kaffeepause am Industriedenkmal

Mitten im Karlstal liegt das für seine hausgemachten Kuchen und Torten gerühmte Café Unterhammer (www.unterhammer.com). Schwer vorstellbar, dass sich hier einst das Zentrum der Trippstadter Eisenproduktion befand. Von 1724 bis 1885 loderte das Feuer der Schmelzöfen, riesige Mühlräder trieben Gebläse und Schmiedehämmer an. Zu dem Gebäudeensemble am Unterhammer gehörten neben Werkstätten ein Herrenhaus, Werkswohnungen, ein Uhrenhaus und ein Eisenmagazin. Im Tal gab es ein Blechwalzwerk und die drei Hammerwerke Unter-, Mittel- und Oberhammer. Wer mehr über die Trippstadter Eisenzeit wissen will: Hinter dem Haupthaus gibt es eine Reihe liebevoll gestalteter Infotafeln.

Weiter auf der Nebenstraße bleiben.

Historisches Wohngebäude der Eisenarbeiterfamilien am Unterhammer.

KM 22

5

Spaziergang Karlstalklamm

Spaziergang am sprudelnden Bach

Am Mittelhammer mit der Klug'schen Mühle verengt sich das Karlstal zu einer romantischen Schlucht inmitten einer wilden Felstrümmer-Szenerie. Holzbrückchen, Rastplätze, ein Pavillon. Abwechslung garantiert! Ganz oben erinnert ein Denkmal an den kurpfälzischen Oberjägermeister und Namensgeber des Tals, Karl Theodor Freiherr von Hacke. Auf seine Initiative hin wurde die Klamm in den großen Landschaftspark des Trippstadter Schlosses einbezogen. Wer mag, geht noch hinauf zum oberen Eingang der Karlstalschlucht. Hier liegt der Oberhammer, ein heute völlig verwildertes Gebäudeensemble aus der Trippstadter Eisenzeit.

Auf dem Herweg talauswärts. Vor einer Bahnbrücke rechts und auf einem Schotterweg am Walzweiher entlang zum Weiler Breitenau. Dahinter unbeschildert links abbiegen, dann rechtshaltend ein kurzes Stück auf der B 270 zum Radweg am Gelterswoog und zum Strandbad.

Ein klassisches Fotomotiv: der Pavillon im der Karlstalklamm.

KM 31

6

Strandbad Gelterswoog

Wellnessbad im Moorwasser

Treffpunkt der Wasserratten ist das am Nordufer gelegene Bad mit seinem 150 Meter langen Strand, dessen rostroter Sand reizvoll mit dem dunkelbraunen Moorwasser kontrastiert. Bewegung wird großgeschrieben: Auf einer Wiese kann man Fußball und Volleyball spielen oder auf der Slackline balancieren, und für die Kleinen gibt es einen Abenteuerspielplatz. Ein Kiosk bietet die passenden Snacks und Getränke. Kurios: Bis in die Nachkriegszeit hinein war das Baden hier verboten. Geistliche oder Forstleute sammelten zur Abschreckung die Kleidungsstücke ertappter Sünder ein, bevor sie sie aus dem Wasser trieben.

Weiter auf dem bereits bekannten Radweg.

EXTRA INFOS:

Einen pfiffigen ● **Rastplatz** gibt die schattige Brunnenanlage am Sportgelände von Queidersbach ab – genau richtig, um nach einem längeren Anstieg die radelmüden Beine ins kühle Wasser zu strecken.

Falls man am Ende der Tour nicht das Strandbad Gelterswoog besucht: Mit Blick auf den See im Freien sitzen kann man im ● **Café einer Minigolfanlage** (minigolf-gelterswoog.de). Besonders schön am Spätnachmittag!

KM 33 » ZIEL

Bahnhof Kaiserslautern-Hohenecken

Für einen Badestrand taugt er auch, der heimische Buntsandstein.

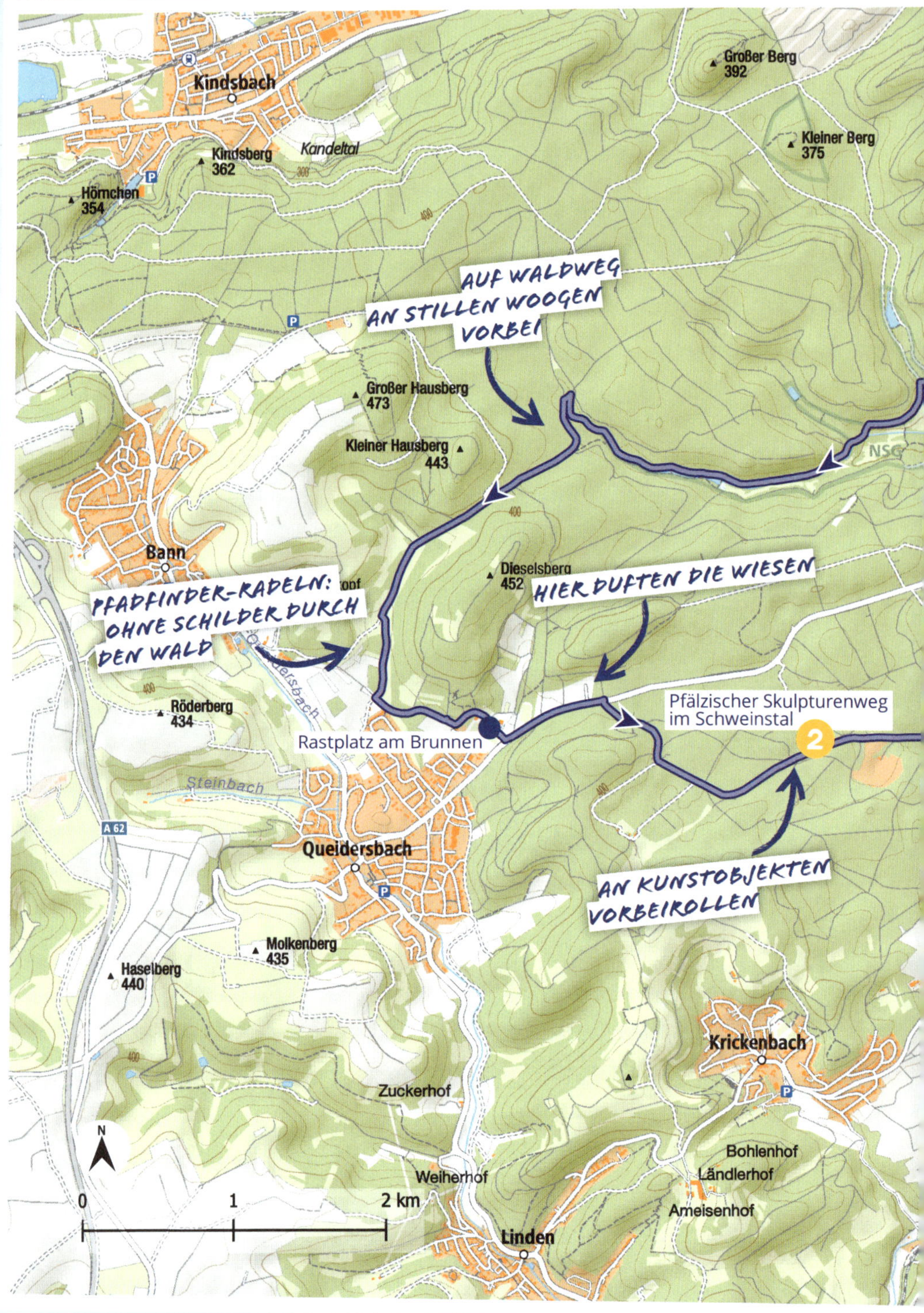

Kindsbach
Kandeltal
Kindsberg
362
Hörnchen
354
Großer Berg
392
Kleiner Berg
375
AUF WALDWEG AN STILLEN WOOGEN VORBEI
Großer Hausberg
473
Kleiner Hausberg
443
NSG
Bann
Dieselsberg
452
HIER DUFTEN DIE WIESEN
PFADFINDER-RADELN: OHNE SCHILDER DURCH DEN WALD
Röderberg
434
Rastplatz am Brunnen
Pfälzischer Skulpturenweg im Schweinstal
2
Steinbach
A 62
Queidersbach
AN KUNSTOBJEKTEN VORBEIROLLEN
Molkenberg
435
Haselberg
440
Krickenbach
Zuckerhof
Bohlenhof
Ländlerhof
Weiherhof
Ameisenhof
Linden
N
0
1
2 km

AUF EINEN BLICK
>> Start/Ziel: Bahnhof Kaiserslautern-Hohenecken (ca. 7 Min. ab/bis Kaiserslautern Hauptbahnhof)
>> Strecke/reine Radelzeit: 33 km (Rundtour), 2 Std. 30
>> Höhenmeter: ↗ 188 m, ↘ 188 m
>> Wegbeschaffenheit: Asphaltierte Radwege, Schotter und Naturboden im Walkmühltal, Nebenstraße, 200 m Bundesstraße.
>> Beste Zeit: Ganzjährig. Juni bis September für Wasserratten.
>> Mitnehmen: Badezeug.
Hohenecken
Bahnhof Kaiserslautern-Hohenecken
START & ZIEL
Espensteig
6 Strandbad Gelterswoog
Gelterswoog
Café Minigolfanlage
1 Gelsterswoog-Südufer
KURZ STRASSE, DANN WIEDER ANGENEHMER RADWEG
Breitenau
Stelzenberg
ABWECHSLUNGSREICHES TAL: WASSER, INDUSTRIEDENKMÄLER, GASTSTÄTTEN
Schweinstal
Walzweiher
Walzwerk
Naturfreundehaus Finsterbrunnertal
3
Moosalbe
Kohlhübel 413
Langensohl
B 270
Nabenberg 400
Unterhammer
4 Café Unterhammer im Industriedenkmal
Schopp
Schwallhübel 434
Spaziergang Karlstalklamm
5
Wilensteinerhof
Burg Wilenstein

DIE RADELPAUSEN

» START
Bahnhof Hinterweidenthal

KM 8
1 Schillerfelsen
Wassertreten unterm Felsenloch

KM 10
2 Fotostopp Hochsteinblick
Eine Riesenmauer aus Sandstein

KM 18
3 Burgruine Drachenfels
Ritter:in spielen

18 BUNT-SANDSTEIN-RAUSCH

Mitten hinein ins Dahner Felsenland

Die einzigartige Felsen- und Burgenlandschaft der Südwestpfalz auf einer großzügigen und sehr abwechslungsreichen Runde. Spannend und erholsam zugleich den bestens ausgebauten Radwegen sei's gedankt.

4 Bärenbrunnerhof
Kletterparadies

KM 34
5 Dahn
Eispause bei der Elwetritsch

KM 42
6 Badeplatz Hinterweidenthal
Ab ins Wasser

KM 43 » ZIEL
Bahnhof Hinterweidenthal

WAS WÄRE DIE PFALZ …

… ohne ihre Buntsandsteinfelsen und Burgen! Über 200 größere Felsmassive zählt man hier. Auf einigen wurden zur Herrscherzeit der Salier und Staufer Felsenburgen errichtet. Obwohl schwer einnehmbar, fielen sie doch immer wieder Zerstörungen zum Opfer, in Fehden, im Bauernkrieg oder im Dreißigjährigen Krieg, wurden wieder aufgebaut und abermals zerstört. Vielen Burgen machte im Jahr 1689 der Feldzug des französischen Generals Mélac den Garaus. Dessen vom Sonnenkönig Ludwig XIV. erteilter Auftrag lautete: Brûlez le Palatinat – brennt die Pfalz nieder! Die Einheimischen bedienten sich danach am wertvollen Baumaterial, sodass in manch einer Kirche, einem Wohnhaus, einer Gartenmauer Steine aus Ritterzeiten stecken.

DER SCHÖNSTE MOMENT: WENN AM WIESLAUTERBOGEN DIE HOCHSTEIN-SÜDWAND INS BLICKFELD RÜCKT

Nirgendwo erlebt man dies alles so geballt wie auf einer Tour durchs Dahner Felsenland. Den Auftakt macht das Tal der Wieslauter, die aus dem zentralen Pfälzerwald zum Rhein strömt. Herrlich entspanntes Radeln, immer in Sichtweite des Flüsschens, entlang satter Wiesen und duftender Wälder.

Hinter jeder Biegung fesselt ein neues Buntsandsteinwunder den Blick: Das unmittelbar über den Häusern von Dahn aufragende Wahrzeichen des Städtchens, der über 50 Meter hohe Jungfernsprung, die langgestreckten Massive des Lämmerfelsens und des Hochsteins mit ihren Türmen und Wandfluchten, der keck aus einem Berghang hervorspringende Sprinzel. So etwas möchte man sich doch einmal ganz aus der Nähe anschauen – also auf zu einer Zu-Fuß-Stippvisite je nach Gusto, die Radelpause einmal auf einem von der Sonne gewärmten Felsen verbringen!

Eine gute halbe Stunde einplanen sollte man für die Burgruine Drachenfels, dem Musterexemplar einer pfälzischen Felsenburg. Für die dann fällige Einkehr gibt es – ganz felsenlandmäßig – die Drachenfelshütte oder den von bizarren Felskolossen umrahmten Klettertreff Bärenbrunnerhof. Auch wenn Magen und Augen jetzt gesättigt sind: Auf dem Rückweg nach Dahn unbedingt nach links schauen, um nicht den Blick zur Burgruine Altdahn zu verpassen! «

Am Bärenbrunnerhof lässt sich's auch als Schwein gut leben. Da steckt man diese neugierigen Menschen locker weg.

Bestens ausgebaut ist der Pamina-Radweg Lautertal, der durch das Dahner Felsenland bis ins Elsass führt.

Zwischen Erfweiler und Dahn: Blick zur Dahner Burgengruppe mit den Teilburgen Altdahn, Grafendahn und Tanstein.

RADELN & GENIEßEN

Bahnhof Hinterweidenthal

Mit der Beschilderung Richtung Wissembourg kommt man zum Pamina-Radweg Lautertal, dem man bis Bruchweiler folgt.

Am Wieslauterbogen kann man aus dem Sattel heraus die Hochstein-Südwand studieren.

KM 8

1

Schillerfelsen

Wassertreten unterm Felsenloch

Sobald man den Ortsanfang von Dahn erreicht, hat man ihn direkt vor Augen: den Schillerfelsen, ein zweigipfeliges kleines Massiv mit einem auffälligen Felsenloch. Zu seinen Füßen liegt ein Kneipp-Becken, von dem man in wenigen Minuten hinaufwandern kann. Schon hier hat man einen tollen Blick über Dahn und die Felsformationen ringsum. Noch besser ist die Aussicht vom etwas höher gelegenen Schwalbenfelsen. Und wenn man schon einmal hier ist, sollte man noch ein paar Minuten dranhängen und die Felsenarena inspizieren, ein Ensemble im Halbrund aneinandergereihter Buntsandsteinwunder. Märchenhaft! Summa summarum ein gut halbstündiger Zu-Fuß-Abstecher. Abgerundet wird das Ganze mit Wassertreten im Kneipp-Becken.

Weiter auf dem Radweg, der auch hinter Dahn konsequent auf der rechten Talseite bleibt.

Direkt am Lautertal-Radweg liegt der Schillerfelsen, ein Wahrzeichen von Dahn.

In acht Jahrhunderten ausgetretene Treppen führen hinauf auf die Burgruine Drachenfels.

KM 10

2 Fotostopp Hochsteinblick
Eine Riesenmauer aus Sandstein

Hinter Dahn beschreibt das Wieslautertal einen langen Linksbogen. An seinem Beginn, kurz nach dem Überqueren von Bahngleisen, ragt über dem Fahrradlenker ein wildgezacktes Massiv in den Himmel, der Lämmerfelsen. Dann zieht auf der anderen Talseite die langgezogene Wandflucht des Hochsteins mit der leicht abgesetzten Hochsteinnadel den Blick auf sich. An Wochenenden kann man buntgekleideten Kletterbegeisterten dabei zusehen, wie sie sich in den schwierigen Routen der Hochstein-Südwand abmühen. Wer hier schnell vorbeisaust, stammt meist aus der Region, und aus dem Staunen ist Gewohnheit geworden. Gebietsneulinge dagegen schießen ein Foto nach dem anderen.

In Bruchweiler den Pamina-Radweg Lautertal verlassen und links Richtung Busenberg. Auf dem Raubritter-Radweg durch das Scharbachtälchen hinauf zur Drachenfelshütte am Fuß der Burgruine Drachenfels.

KM 18

3 Burgruine Drachenfels
Ritter spielen

Da würde man gern mal rauf, auf diese Burgruine Drachenfels, die hoch droben auf einem 150 Meter langen Felsenschiff thront! Gedacht, getan – über steile Treppen und Leitern lässt sich sogar die höchste Spitze erklimmen. Dort weht der Wind um die Nase und die Augen gehen auf Spazierfahrt: 360 Grad Felsenland-Panorama. Dann taucht man tiefer ein in die Welt der Ritter, inspiziert Kammern, Felsgänge und Zisternen. Entdeckt vielleicht sogar die Badewanne des Burgdrachens. Eindrücke, die man erst einmal sacken lassen muss. Am besten geht das in der Drachenfelshütte am Fuß des Burgberges, einer klassischen Pfälzerwaldhütte mit Erbsensuppe, Saumagen und Rieslingschorle auf schattigen Freisitzplätzen (www.pwv-busenberg.de).

Auf einem Sträßchen zum nahegelegenen Weisensteinerhof, links Richtung Busenberg, an der von Dahn nach Bad Bergzabern führenden B 427 kurz rechts und dann links auf einem unbeschilderten Waschbetonweg zum Kelterhaus am Ortsanfang von Busenberg. Dort auf dem Wanderweg nach Schindhard hinab zur Bärenbrunnermühle und rechts talaufwärts.

Am Bärenbrunnerhof.

KM 24

4 Bärenbrunnerhof
Kletterparadies

Dieser Platz ist Kult: der Bärenbrunnerhof bei Schindhard. Hier schlägt das Herz des pfälzischen Klettersports, hier treffen sich Gleichgesinnte aus vielen Nationen, um am Nonnenfels, der Klosterwand, am Honigfels oder am Sternfels ihrer Leidenschaft nachzugehen. Das malerisch in einem freundlichen Talkessel gelegene Gehöft beherbergt eine Freiluft-Gaststätte (www.baerenbrunnerhof.de), ein Lädchen für Klettersport- und Outdoorbedarf und eines mit Bioprodukten vom Bauern. Im Innenhof tummeln sich Schweine und Ferkel. Am Spätnachmittag füllt sich der Bärenbrunnerhof mit Kletterbegeisterten, und man spitzt die Ohren, um etwas von ihren Tageserlebnissen aufzuschnappen.

Auf Sträßchen über Schindhard nach Dahn-Reichenbach, auf Fahrradweg über Erfweiler nach Dahn.

KM 34

5 Dahn
Eispause bei der Elwetritsch

Wohin man auch schaut in Dahn, dem Zentrum des Dahner Felsenlandes: Irgendwo ist immer Buntsandstein im Spiel. Ob in seiner natürlichen Form wie bei dem guten Dutzend Felsen rund um das 4000-Seelen-Städtchen, ob als Baumaterial wie auf der Burgruine Altdahn, den beiden Kirchen, den Wohnhäusern oder dem Kriegerdenkmal in der Ortsmitte. Dort versammeln sich Ortsansässige wie Auswärtige – des hervorragenden Eiscafés wegen. Wer etwas über Elwetritsche erfahren möchte, das pfälzische Sagentier, fährt zum Kurpark am Südrand des Ortes, dort hat man den seltsamen Wesen ein Denkmal errichtet.

Am Kriegerdenkmal kurz Richtung Bad Bergzabern und am Kreisverkehr Richtung Felsland Badeparadies. Ab den Gleisen der Wieslauterbahn auf den Pamina-Radweg Lautertal nach Hinterweidenthal zum Badeplatz an einem alten Fachwerks-Bahnhofsgebäude.

Abkühlung im wahrsten Sinne des Wortes – die Wieslauter ist nichts für Weicheier.

Erst das Eis im Ortszentrum von Dahn, dann Elwetritsche betrachten im Kurpark.

EXTRA INFOS:

Sollte die Drachenfelshütte Ruhetag haben: Im drei Radelminuten entfernten ● **Weißensteiner Hof** serviert man Pfälzer Küche (www.weissensteinerhof.de).

Eine gute Einkehrmöglichkeit bietet auch das ● **Restaurant Altes Bahnhöf'l** in Dahn-Reichenbach. Entweder direkt an der Route auf der Rückfahrt nach Dahn oder schon auf dem Weg nach Bruchweiler, indem man im Gewerbegebiet Reichenbach nach links Richtung Erfweiler abbiegt. Direkt neben dem Lokal kann man im ● **Ferienbahnhof Reichenbach** außerdem eine Übernachtung der besonderen Art erleben, in Eisenbahnwaggons oder einem alten Lokschuppen (www.ferienbahnhof-reichenbach.de).

KM 42

6 Badeplatz Hinterweidenthal

Ab ins Wasser

KM 43 » ZIEL

Bahnhof Hinterweidenthal

Rein in die Wieslauter! Dort steigt die Wassertemperatur auch im Hochsommer nicht über 16 Grad. Der kleine Badeplatz mit Blick auf den Teufelstisch wird – von einigen Hinterweidenthaler Kindern und abenteuerlustigen Urlaubsgästen abgesehen – nur noch selten genutzt, da Flussbaden wohl nicht dem Zeitgeist entspricht. Zum richtigen Schwimmen ist die Wieslauter nicht tief genug. Also kurz untertauchen, plantschen und den wohligen Schauer kalten Wassers genießen! Wagemutige lassen sich zu einer weiteren Badestelle treiben, laufen wieder zurück und beginnen das Ganze von vorn – ein ebenfalls etwas in Vergessenheit geratenes Vergnügen.

Auf dem Herweg hinauf zum Bahnhof.

Pralles Leben vor der Kirche Sankt Laurentius in Dahn.

Bahnhof Hinterweidenthal
START & ZIEL
6 Badeplatz Hinterweidenthal
Hinterweidenthal
VORBEI AM ERSTEN FELSENTURM
EIN TRAUM VON RADWEG
DER BESTE BURGENBLICK
1 Schillerfelsen
5 Eiscafé in Dahn
Dahn
NICHT DAS LENKEN VERGESSEN BEIM STAUNEN ÜBER DIE FELSEN!
2 Fotostopp Hochsteinblick
Ferienbahnhof Reichenbach und Restaurant Altes Bahnhöf'l
HOCH ÜBER DEM TAL KREISEN BUSSARDE
Langenberg 437
Platte 417
Runder Kopf 364
Farreneck 402
B 10
Langeck 333
Etschberg 352
Glockenhorn 381
Seekopf 356
Mühlenbach
Horbach
Etschberg 321
Großer Schweinspieß 377
Kleiner Hellenberg 325
Geiskopf 382
Hoher Kopf 367
Großer Hellenberg 379
Salzwoog
Salzbach
Vogtenkopf 368
Neudahner Weiher
Wieslauter
Hochberg 421
Gerstberger Kopf 385
Bichtenberg 400
Lehmberg 386
Mehrsberg 328
Lachberg 322
Erfweiler
Moosbachtal
Moosbach
Vogelsberg 296
Kauert 316
Burg Altdahn
Mittelberg 352
Hochstein 345
B 427
Langental
Seibertsbach
Reichenbach
Neuhof
Grauberg 291
Kaletschkopf 453
Dickenberg 356
Großes Taubeneck 378
Kleiner Eyberg 425
Kleiner Mückenkopf 462
Reinighof
Großer Eyberg 513
Reinigshof
Eisenbahn 357
N
0 1 2 km
Dretschberger Kopf 460
Bruchweiler-Bärenbach

AUF EINEN BLICK

- **Start/Ziel:** Bahnhof Hinterweidenthal, nicht Hinterweidenthal-Ost! (ca. 40 Min. ab/bis Landau)
- **Strecke/reine Radelzeit:** 43 km (Rundtour), 3 Std.
- **Höhenmeter:** ↗ 246 m, ↘ 246 m
- **Wegbeschaffenheit:** Asphaltierte Radwege, innerorts Straße, Naturboden zwischen Busenberg und Bärenbrunnermühle.
- **Beste Zeit:** Ganzjährig.
- **Mitnehmen:** Proviant (falls die Einkehrstationen am Weg gerade Ruhetag haben), Fernglas zum Beobachten von Kletterern, Badesachen.

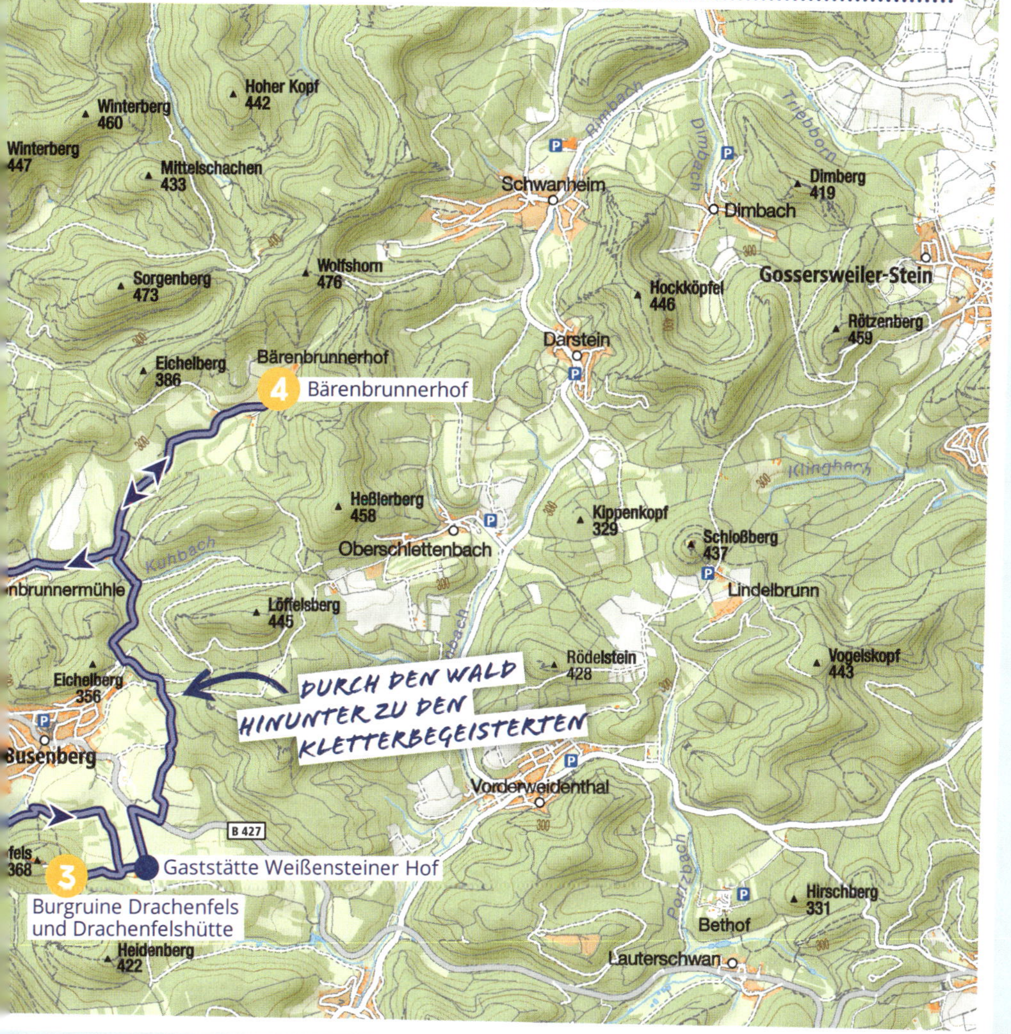

DIE RADELPAUSEN

»START
Bahnhof Wissembourg

KM 10
1 Fachwerkdorf Bobenthal
Sauberes Handwerk

KM 16
2 Burg Berwartstein
Hinauf bis zu den höchsten Zinnen

KM 17
3 Seehofweiher
Einmal WusaPo am Strandkiosk

19

ZAUBER-HAFTE LAUTER

Von Wissembourg zum Berwartstein

An einem wunderhübschen Flüsschen entlang in den Pfälzerwald hineinradeln und der Fantasie beim Eintauchen in die Welt des Raubritters Hans Trapp freien Lauf lassen – dafür ist diese Tour durch das Wieslautertal wie geschaffen.

4 Fischtreppe
Alles für den Lachs

KM 27

5 Sankt Germanshof
Kleiner oder großer Hunger?

KM 31

6 Wissembourg
Savoir vivre!

KM 32 » ZIEL
Bahnhof Wissembourg

EINMAL INS ELSASS HINEINSCHNUPPERN, ...

... das gehört zu einem Aufenthalt in der Südwestpfalz einfach dazu. Etwa indem man das Grenzstädtchen Wissembourg als Ausgangspunkt für eine Radtour entlang der Wieslauter wählt. Schon bei der Fahrt entlang der Stadtmauer wird man die Lauter mit ihrem quellklaren Wasser mögen. Jawohl, die Lauter. Denn erst ab der Grenze heißt das Flüsschen Wieslauter.

Jetzt dominiert zunächst der Wald – die Wiesen kommen später. Dicht mit Erlen und Eschen bewachsen ist das Tal hier, vom Wasser zieht kühle Luft herauf auf den schattigen, elegant geschwungenen Radweg. Wie sich wohl die Fluten damals durch die Talenge gezwängt haben? Im 16. Jahrhundert nämlich hatte der Raubritter Hans Trapp die so harmlos scheinende Wieslauter in einer Fehde mit dem Kloster Weißenburg als Waffe eingesetzt: Bei Niederschlettenbach ließ er sie aufstauen, um den Weißenburgern zunächst das Wasser zu entziehen, dann den Damm einzureißen und so für eine zerstörerische Überschwemmung zu sorgen.

DER SCHÖNSTE MOMENT: DER WECHSEL VON WALD ZU WIESEN AUF DEM WEG VOM PORTZBACHTAL INS WIESLAUTERTAL

Vor Bobenthal, einem verträumten Fachwerkdörfchen, weitet sich das Tal zu einer Wiesenlandschaft. Jetzt nicht die Bade- und Pritschelplätze am Wegrand verpassen! Dann geht es durch das Erlenbachtal hinein ins Raubritterland: Auf einem Kegelberg thront der Berwartstein, die einzige dauerhaft bewohnte Burg des Pfälzerwaldes.

Hier also hauste Hans Trapp. Eine furchterregende Gestalt, mit seinen zwei Metern damals ein wahrer Riese. Noch heute droht man Kindern im Elsass mit dem Satz: »Wann de ned parierschd, hol ich de Hans Trapp!« Er, und nicht Knecht Ruprecht, begleitet dort in der Vorweihnachtszeit den Nikolaus.

Keine zwei Kilometer entfernt eine andere Welt, der Seehofweiher: Schwimmen, Sonnenbaden, Faulenzen. Herrlich rollen lassen kann man's danach im waldigen Portzbachtal, bevor es zurückgeht ins Wieslautertal und zum Abschlussbummel im malerischen Wissembourg. «

RADELN & GENIEßEN

Ein Fußbad in der Lauter – am Beginn oder am Ende der Tour? Gar nicht geht jedenfalls gar nicht.

START

Bahnhof Wissembourg

Richtung Centre Ville, geradeaus auf einen Kreisverkehr zu und hinter diesem nach rechts Richtung Pirmasens. Nach Überqueren der Lauter gleich links und auf dem Pamina-Radweg Lautertal Richtung Dahn.

KM 10

1 Fachwerkdorf Bobenthal

Sauberes Handwerk

In Bobenthal stehen die farbenprächtigsten Fachwerkhäuser des Wieslautertals.

Frei von touristischem Trubel und Kitsch sind die Fachwerkdörfer des Wieslautertals und der Umgebung von Wissembourg. Ausgiebig studieren lässt sich die dazugehörige Handwerkskunst in Bobenthal. Doch auch bei der Fahrt durchs elsässische Weiler sieht man schon einige Fachwerk-Prachtexemplare. Waren die Gebäude dort bescheidene Waldbauernhäuschen, sind sie in Bobenthal stattlich und wuchtig. Waren dort die Wände meist elsässisch-bunt verputzt, zeigen sie sich hier in strahlendem Weiß, das Bunte – ein Rotton ähnlich der Farbe der südwestpfälzischen Felsen – hat man auf das Balkenwerk verlegt.

Nach der Ortsdurchquerung weiter auf dem Lautertal-Radweg. Nach drei Kilometern rechts nach Niederschlettenbach. Im Ort den rechts nach Erlenbach abzweigenden Radweg nehmen. Dort den Straßenschildern zur Burg Berwartstein folgen.

KM 16

2 Burg Berwartstein

Hinauf bis zu den höchsten Zinnen

Der Berwartstein, wie man hier sagt, ist vollständig restauriert und als einzige Burg des Pfälzerwaldes dauerhaft bewohnt. Es lohnt sich, das Bauwerk nicht auf eigene Faust, sondern im Rahmen einer Führung zu besichtigen, denn dabei erfährt man Schauriges: zu den ausgestellten Folterwerkzeugen etwa. Oder zum Blick ins Tal der Leichen. Die sollen den hiesigen Talgrund übersät haben, als die Truppen des französischen Generals Mélac 1689 marodierend durch die Pfalz zogen. Besonders spannend beim Rundgang: Wenn eine Tasse Wasser in den Brunnen geschüttet wird und man die Sekunden zählt, bis von ganz tief unten ein leises Platschen zu hören ist. Danach: Einkehr im Burgcafè. Daneben ein Souvenirlädchen, mit Schwertern, Helmen und Ritterfiguren (burgberwartstein.de).

Der Weiterweg zum Seehofweiher ist beschildert.

KM 17

3 Seehofweiher

Einmal WusaPo am Strandkiosk

Eingebettet in ein geräumiges Tal, umgeben von den typischen Kegelbergen des Wasgaus, liegt der Seehofweiher, der größte Badesee der Region. Obwohl er mit dem Auto erreichbar ist, erlebt man dort nie den Badetrubel der Ballungsgebiete. Das wenige, was man an Schlauchbooten, Luftmatratzen oder Stand-up-Paddelboards auf der glitzernden Wasserfläche sieht, haben die Gäste selbst mitgebracht. Zeit für eine ausgiebige Pause auf der beschaulichen Liegewiese! Sogar einige Quadratmeter Sandstrand-Feeling gibt es dort. Angst vor einem drohenden Hungerast muss man auch nicht haben: Im Kiosk am Seehof gibt es Flammkuchen, Pizza, Currywurst oder WusaPo – Wurstsalat mit Pommes (www.kiosk-am-seehof.de).

Den Radschildern Richtung Bobenthal folgen. Im Wieslautertal kurz links an der Straße entlang und dann auf einem Sandweg auf die andere Talseite wechseln zum bereits bekannten Lautertal-Radweg.

Wer würde da nicht reinspringen wollen, ins goldene Wasser des Seehofweihers!

Burg Berwartstein: Hier hauste der gefürchtete Raubritter Hans Trapp.

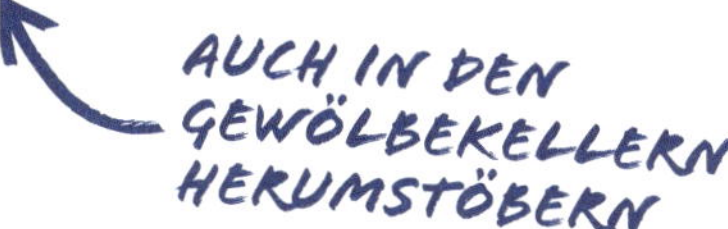

KM 21

Fischtreppe

Alles für den Lachs

Der Lachs soll zurückkommen in die Wieslauter. Vor allem an ihn hat man gedacht, als man in den 2010er-Jahren mit beträchtlichen finanziellen Mitteln an acht Wehren Fischtreppen oder Umgehungsrinnen anlegte. Ein schöner Nebeneffekt: Viele der Anlagen, wie diese zwischen Bobenthal und Niederschlettenbach, eignen sich bestens zum Rasten und Picknicken. Hier steht sogar eine jener geschwungenen Sinnenbänke, auf denen es sich so herrlich faulenzen und tagträumen lässt. Und zwischendurch: Schuhe aus und durch das knie- bis hüfttiefe Wasser waten!

Auf dem Pamina-Radweg Lautertal Richtung Wissembourg. Zum Sankt Germanshof an der Grenze links.

Wo bleibt der Lachs? Die Fischtreppe im Wieslautertal ist schon mal hergerichtet.

Unverschämt verführerisch, diese Auslagen einer Patisserie in Wissembourg.

KM 27

5

Sankt Germanshof

Kleiner oder großer Hunger?

Am Grenzübergang liegt der Weiler Sankt Germanshof mit einigen Zollhäusern in der für die Region typischen Bauweise, einer Handvoll Wohnhäusern und einem Gutshof. In diesem ist – auf deutscher Seite – das Hotel-Restaurant Sankt Germanshof untergebracht (www.st-germanshof.de). Dorthin führt ein kurzer Abstecher vorbei an der Chapelle Notre-Dame. Wer die abschließende Völlerei bis Wissembourg aufschieben möchte, belässt es bei Kaffee und Kuchen im Kräutercafé am Grenzübergang (www.kraeutercafe.de).

Auf dem bereits bekannten Weg nach Wissembourg. Dort an der Lauterbrücke geradeaus und am Fluss entlang in den Ortskern.

Wenn man Glück hat, passen die Öffnungszeiten für einen Cafèstopp am Germanshof.

KM 31

6 Wissembourg
Savoir vivre!

Leckermäuler, diese Elsässer! In Wissembourg scheint auf fünfzig Einwohner eine Patisserie zu kommen. Unglaublich, welche Köstlichkeiten dort angeboten werden! Dann aber doch noch etwas Handfestes, ein Elsässer Flammkuchen im Restaurant La Mirabelle (restaurant-lamirabelle.eatbu.com) oder Choucroute Garnie, das traditionelle elsässische Sauerkrautgericht, im altehrwürdigen Hotel-Restaurant de la Couronne (www.couronne-wissembourg.com). Zum Verdauen bummelt man an der Lauter und der Stadtmauer entlang, genießt abermals die Fachwerkpracht, beruhigt sein Kulturgewissen mit dem Besuch der romanisch-gotischen Abteikirche Saints-Pierre-et-Paul und gönnt sich abschließend noch einen Espresso am Marktplatz.

Den Ortskern rechtshaltend verlassen und den Schildern zum Bahnhof folgen.

EXTRA INFOS:

Ein lauschiger ● **Picknickplatz** liegt etwas flussaufwärts von Bobenthal direkt am Ufer der Wieslauter. Eine historisch interessante Stelle, denn hier befand sich der Eingang zur Grube Johanna, in der lange Zeit silberhaltiges Bleierz abgebaut wurde. Im Jahr 1804 kamen in den engen Stollen bei einem Wassereinbruch 29 Bergleute ums Leben.

Exquisit übernachten kann man auf der **Burg Berwartstein**. Wohnen wie die Rittersleut, im Barbarossaturm oder in der Kurfürstensuite. Und morgens gibt es Frühstück im historischen Rittersaal (burgberwartstein.de).

KM 32 » ZIEL

Bahnhof Wissembourg

An der Stadtmauer von Wissembourg liegt das Waschhaus Lavoir du Bruch.

GANZ SCHÖN STEIL, DIESER ANSTIEG ZUR BURG!
2 Burg Berwartstein
Burgruine Klein-Frankreich
3 Seehofweiher mit Strandkiosk
Nestelberg 401
Breitenberg 410
Bundenthal
Bremmelsberg 373
EINMAL QUER DURCHS WIESENTAL
Hirzeck 490
Krummer Ellenbogen 515
Dennerhalde 300
Niederschlettenbach
Dörrhalde 321
AUF DIESEM SCHOTTER LÄSST SICH'S ROLLEN
SANDIGE TALQUERUNG
Teilberg 378
Mäuerle 412
Großer Humberg 455
4 Fischtreppe im Wieslautertal
Kleiner Humberg 360
Naturpark Pfälzerwald - Kernzone Bobenthaler Knopf
Nothweiler
Picknickplatz an der Grube Johanna
Kappelstein 498
Mitteleck 390
Bärenbühl 326
Bobenthal
Bobenthaler Knopf 534
Fachwerkdorf Bobenthal 1
Großer Osten
Wieslauter
Probstberg 296
Duerrenberg 521
Aischberg 430
Frankreich
Deutschland
Parc naturel régional des Vosges du Nord
Lauterbach
Muehlenkopf 427
Col du Birkenthal
N
0 1 2 km

AUF EINEN BLICK

- **Start/Ziel:** Bahnhof Wissembourg (ca. 30 Min. ab/bis Landau)
- **Strecke/reine Radelzeit:** 32 km (Rundtour, teilweise hin und zurück), 2 Std. 30
- **Höhenmeter:** ↗ 117 m, ↘ 117 m
- **Wegbeschaffenheit:** Fast durchgehend asphaltierter Radweg, zwischen Seehof und Wieslautertal Schotter, innerorts Straße.
- **Beste Zeit:** Ganzjährig. Juni bis September für Wasserratten.
- **Mitnehmen:** Badezeug, Proviant.

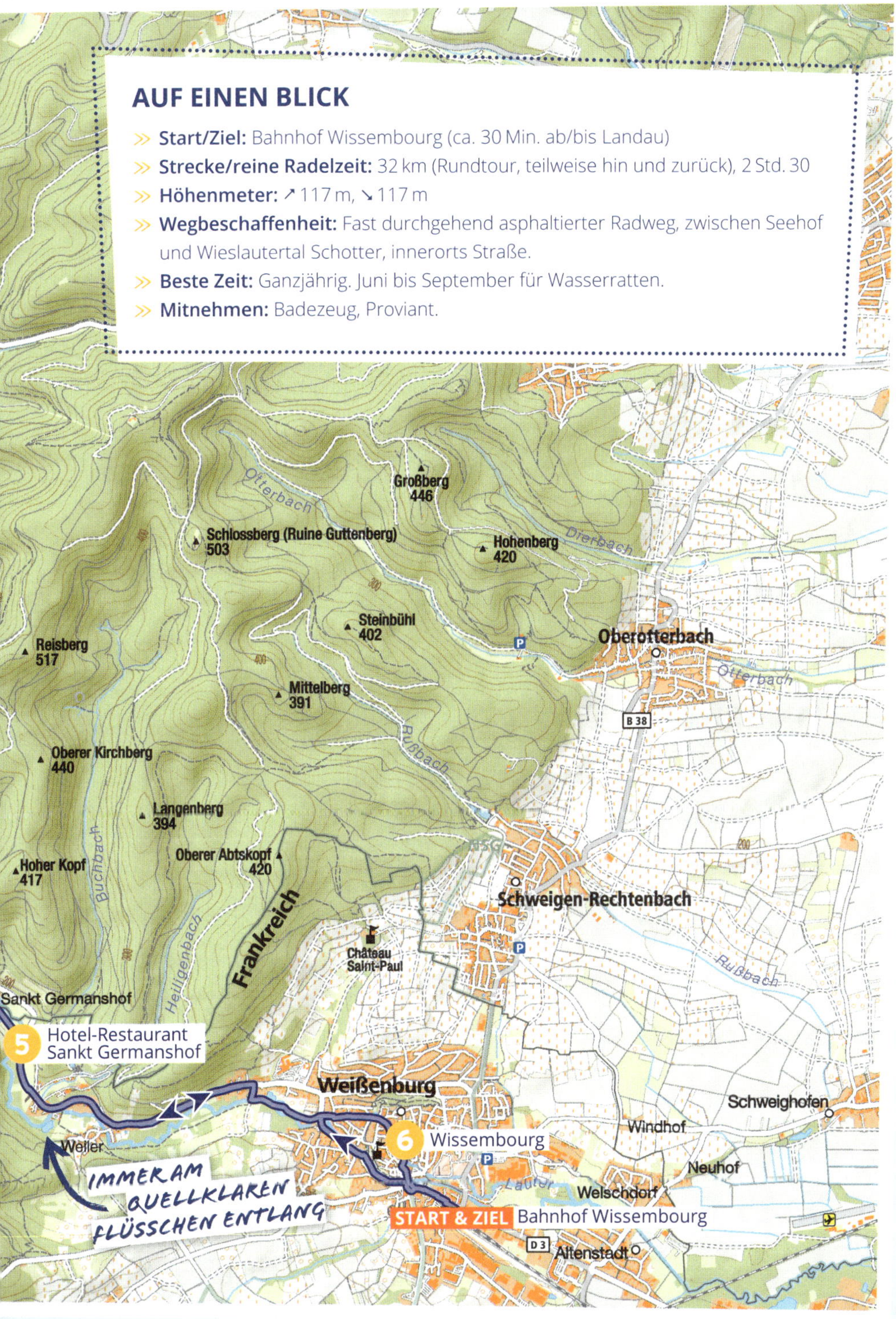

DIE RADELPAUSEN

>> START
Hauptbahnhof Pirmasens

KM 1
1 Strecktalpark
Oase in der Schuhstadt

KM 8
2 Blümelstal
Wasserbüffel beobachten

KM 16
3 Kirschbacherhof
Der Himmel voller Störche

20

TIERISCH GUT

Wiesentäler zwischen Pirmasens und Zweibrücken

Radeln bergab, fast ohne Anstiege – das geht, wenn der Startpunkt 150 Meter höher liegt als das Ziel. Wie auf dieser Tour durch die bäuerlichen Tallandschaften des Zweibrücker Landes. Mit Wasserbüffeln, Störchen, Rindern und Pferden.

KM 23

4 Kloster Hornbach

Etwas für jeden Geschmack

KM 25

5 Schwalbtal

Geheimnisvolles Schilf

KM 30

6 Moulin d'Eschviller

Radfahrmenü auf Lothringisch

KM 46 » ZIEL

Bahnhof Zweibrücken

WAS FÜR EIN TOUREN-BEGINN!

Um etliche Ecken herum zum Pirmasenser Strecktalpark, an einem Teich die Aussicht auf die hügelige Schuhstadt bewundern und das Rad dann nur noch rollen lassen. Auf Kies, Asphalt und wieder Kies vorbei an einem ausgetrockneten Bachbett und dann an einem Wunder der Technik: Direkt aus einer Kläranlage kommt der Blümelsbach und wirkt doch unschuldig-klar. Unten im Talgrund scheinen auch die dort lebenden Wasserbüffel an der Wasserqualität nichts auszusetzen zu haben. Später, kurz vor Hornbach, wird man noch eine zweite Büffelherde beobachten können.

DER SCHÖNSTE MOMENT: WENN DER ERSTE STORCH AM HIMMEL ÜBER DEM HORNBACHTAL VORÜBERZIEHT

Doch zunächst geht es zum Zusammenfluss des Blümelsbachs mit der aus dem Pfälzerwald kommenden Felsalbe. Das Tal ist nun freundlich-offen, mit Rinderweiden, Pappeln und Trauerweiden am sandigen Bachufer, mit Korn- und Maisfeldern auf den sanften Hängen. Bauernland eben.

Die Felsalbe wird bald vom größeren Hornbach aufgenommen. Jetzt gehört das Tal den am Kirschbacherhof angesiedelten Störchen, die in großer Zahl durch die Wiesen staksen, elegant von Jagdplatz zu Jagdplatz gleiten und ihren Nachwuchs in den weit verstreuten Nestern aufpäppeln. Frosch möchte man hier nicht sein!

Elegant windet sich das Hornbachtal nun nach Dietrichingen. Einen der in der Gegend lebenden Biber wird man nur mit viel Glück zu Gesicht bekommen. In der Klostergemeinde Hornbach schiebt sich wieder der Mensch in den Vordergrund, mit Einheimischen, die sorglos plaudernd auf der Straße stehen, mit Klosterhotel, Kaffee und Kuchen.

Ein Abstecher nach Frankreich – immer gut. Also ganz gemächlich durch das Schwalbtal mit seinen weiträumigen Schilfsenken zur Eschviller Mühle radeln. Ein Kostverächter, wer dort nicht einkehrt und sich den Genüssen der französischen Küche hingibt. Zurück im Hornbachtal kann man von einer erhöhten früheren Bahntrasse lässig auf den Talgrund hinunterblicken und es richtig gut rollen lassen. Jetzt lösen Pferde am Wegesrand die Rinder ab, es ist nicht mehr weit bis Zweibrücken, der Stadt der Rosen und Rösser. «

An der Mühle von Loutzviller führt der Europäische Mühlenradweg vorbei.

In Walshausen im Felsalbtal liegt dieser hübsche Platz für einen Zwischenstopp.

Beim Abstecher nach Frankreich radelt man an der Schwalb, einem Nebenfluss des Hornbachs, entlang.

RADELN & GENIESSEN

Schön anzuschauen und nützlich: Wasserbüffel im Blümelstal.

START

Hauptbahnhof Pirmasens

Für die ersten 24 Kilometer hält man sich an die Radbeschilderung Richtung Hornbach (nicht Zweibrücken!). Am Forum Alte Post vorbei zum Dynamikum, dahinter nimmt man den ersten Eingang in den Strecktalpark.

Am frühen Morgen ist man noch alleine im Strecktalpark.

KM 1

1 **Strecktalpark**

Oase in der Schuhstadt

Tourenauftakt im Strecktalpark der früheren Schuhmetropole Pirmasens: Das Sommercafé am Teich ist morgens noch geschlossen, den tollen Blick auf die Skyline der Stadt gibt es aber jetzt schon: wuchtige Schuhfabriken, wuchtige Buntsandstein-Kirchtürme. Die Einheimischen – nicht zur Bescheidenheit neigend – weisen gern darauf hin, dass ihre Stadt wie Rom auf sieben Hügeln erbaut ist. Hier im Park glaubt man's sofort. Direkt daneben, im Gebäude der ehemaligen Schuhfabrik Rheinberger, liegt das Dynamikum, ein Technik-Mitmachmuseum mit hohem Unterhaltungswert (www.dynamikum.de).

Talabwärts unter einer großen Brücke hindurch zum Parkausgang, wo man wieder auf den Radweg trifft. Vorsicht im Talgrund: Hinter einer Kläranlage macht der Weg unvermittelt einen Linksschwenk, der verführerische Waschbetonweg geradeaus führt ins Nirgendwo.

KM 8

Blümelstal
2 Wasserbüffel beobachten

Blümelstal – das klingt verheißungsvoll, nach üppiger Blumenpracht und farbenfrohen Wiesen. Das dürfte auch jahrhundertelang so gewesen sein, als mit dem Wasser des Blümelsbaches in dem zehn Kilometer langen Tal einige Mühlen betrieben wurden. Dann jedoch blühte nur noch die Schuhindustrie, und der Blümelsbach wandelte sich zur Kloake, musste er doch die Abwässer der Pirmasenser Schuhfabriken und Gerbereien aufnehmen. Nach dem Bau einer großen Kläranlage und umfassender Renaturierung macht das Tal heute seinem Namen wieder alle Ehre. Unten im feuchten Talgrund wurde eine Wasserbüffelherde angesiedelt, die die Verbuschung der Talaue verhindert. Meist stehen die massigen, aber friedlichen Tiere gemütlich grasend am Bach oder dösen im Schatten der Weiden. Ein Muster an Gelassenheit!

Bald wird die Route auf einer Landstraße fortgeführt. Alternativ dazu kann man auf der linken Talseite einen befestigten Weg bis zur Kirschbachermühle nehmen. Dort geht es wenige Meter auf einer Straße zur rechten Talseite und auf der Radroute weiter talabwärts.

Am Zusammenfluss von Felsalb und Hornbach liegt das Storchenparadies Kirschbacherhof.

Störche im Dutzend kann man am Kirschbacherhof beobachten.

KM 16

Kirschbacherhof
3 Der Himmel voller Störche

Wie schön, dass man in der Pfalz wieder Störche sieht! War der beliebte Vogel doch nach dem Weltkrieg so rapide aus dem Landschaftsbild verschwunden, dass er 1974 als ausgestorben galt. Parallel dazu sank die Geburtenrate in der Gegend – das gibt zu denken! Dann wurden große Anstrengungen unternommen, um Meister Adebar wieder anzusiedeln. Besonders gut gelang das im Hornbachtal: Über 30 Nester gibt es heute auf den Dächern des Kirschbacherhofes und in der flachen bis Dietrichingen reichenden Talaue. Im Frühjahr kann man beobachten, wie die Störche unermüdlich ausfliegen, um in den Feuchtwiesen Nahrung für ihre Jungen zu besorgen. An heißen Tagen dreht sich das im Nest gebliebene Elternteil mit dem Rücken zur Sonne, spreizt die Flügel und baut so einen Sonnenschirm für die Jungen.

Links abbiegen und auf einer verkehrsarmen Landstraße und einem Radweg über Dietrichingen nach Hornbach.

Über mehrere Kilometer zieht sich Schilf durch das Schwalbtal.

KM 25

5

Schwalbtal

Geheimnisvolles Schilf

Kurz nach Hornbach kann man an einem Rastplatz am Ufer der Schwalb, die wie der Hornbach in Lothringen entspringt, einen Naturstopp einlegen. Auf einem Wanderweg durchs Schilf streifen, das Treiben der Vögel beobachten, fotografieren. Und darüber fantasieren, warum die Brücke über die Schwalb wohl Spitzbubenbrücke heißt. Von hier bis zum Moulin d'Eschviller verläuft die Grenze entlang des sanft mäandernden Baches. Nebensache, das Schilf birgt da wie dort seine Geheimnisse. Wie es im Schwalbtal wohl zur Zeit der Wandermönche aussah?

Immer auf der linken Talseite bleiben und auf einem französischen Sträßchen durchs Schwalbtal radeln.

KM 23

4

Kloster Hornbach

Etwas für jeden Geschmack

Bei der Anfahrt auf Hornbach zieht das im Oberdorf gelegene Kloster den Blick auf sich. Seine Ursprünge gehen auf den Wandermönch Pirminius zurück, der im achten Jahrhundert Südwestdeutschland und das Elsass missionierte. Ein umtriebiger Mann, gründete er doch Klöster gleich im Dutzend, bevor er 753 in Hornbach verstarb. Heute ist in den Gebäuden das Hotel Kloster Hornbach mit einem gepflegten Restaurant und einem radlergerechten Freisitzcafé untergebracht (www.kloster-hornbach.de), im Keller zeigt das Historama die Geschichte des Klosters. Unbedingt durch die Außenanlage und den Kräutergarten bummeln! Und dann vielleicht noch ein Mitbringsel aussuchen, im Hotel gibt es eine verlockende Auswahl – edle Weine, hausgemachte Marmeladen und Pralinen, Dekoratives (www.klosterglueck.de).

Vom Kloster kurz bergab, scharf links abbiegen Richtung Brenschelbach und nach 500 Metern links auf einen Radweg.

Sehenswert: der Kräutergarten des Klosters Hornbach.

In der Eschviller Mühle ist ein Restaurant und ein Mühlenmuseum untergebracht.

EXTRA INFOS:

Nach 13 Kilometern kann man in Walshausen am hübschen ● **Dorfbrunnen** eine Rast einlegen.

Den wie für Radelbegeisterte gemachten ● **Biergarten** des Restaurant Zur Post findet man bei Kilometer 42 direkt am Radweg in Rimschweiler.

KM 30

6 Moulin d'Eschviller

Radfahrmenü auf Lothringisch

KM 46 » ZIEL

Bahnhof Zweibrücken

Drei Kilometer von der Grenze entfernt liegt die Eschviller Mühle, die größte der sechs Mühlen im Tal der Schwalb. Sie beherbergt das Restaurant le Moulin d'Eschviller, das gastronomische Zentrum der dünn besiedelten Bauernlandschaft beidseits der Grenze. Wer wagt's und verleibt sich mitten auf einer Radtour ein üppiges lothringisches Menü ein (www.lemoulin-eschviller.fr, Mittwoch bis Sonntag geöffnet)? Sollte man dann noch Kulturhunger haben: Das Mühlenmuseum nebenan bietet Vorführungen durch die historische Mühle an (www.moulindeschviller.fr).

Auf die andere Talseite wechseln, dem Radweg zum ehemaligen Bahnhof Brenschelbach folgen und auf der in Fahrtrichtung linken Talseite über die verkehrsarme Landstraße nach Hornbach radeln. Dort Anschluss an den Radweg nach Zweibrücken.

Je nach Tageszeit: Ein Café au Lait oder das fünfgängige Menü.

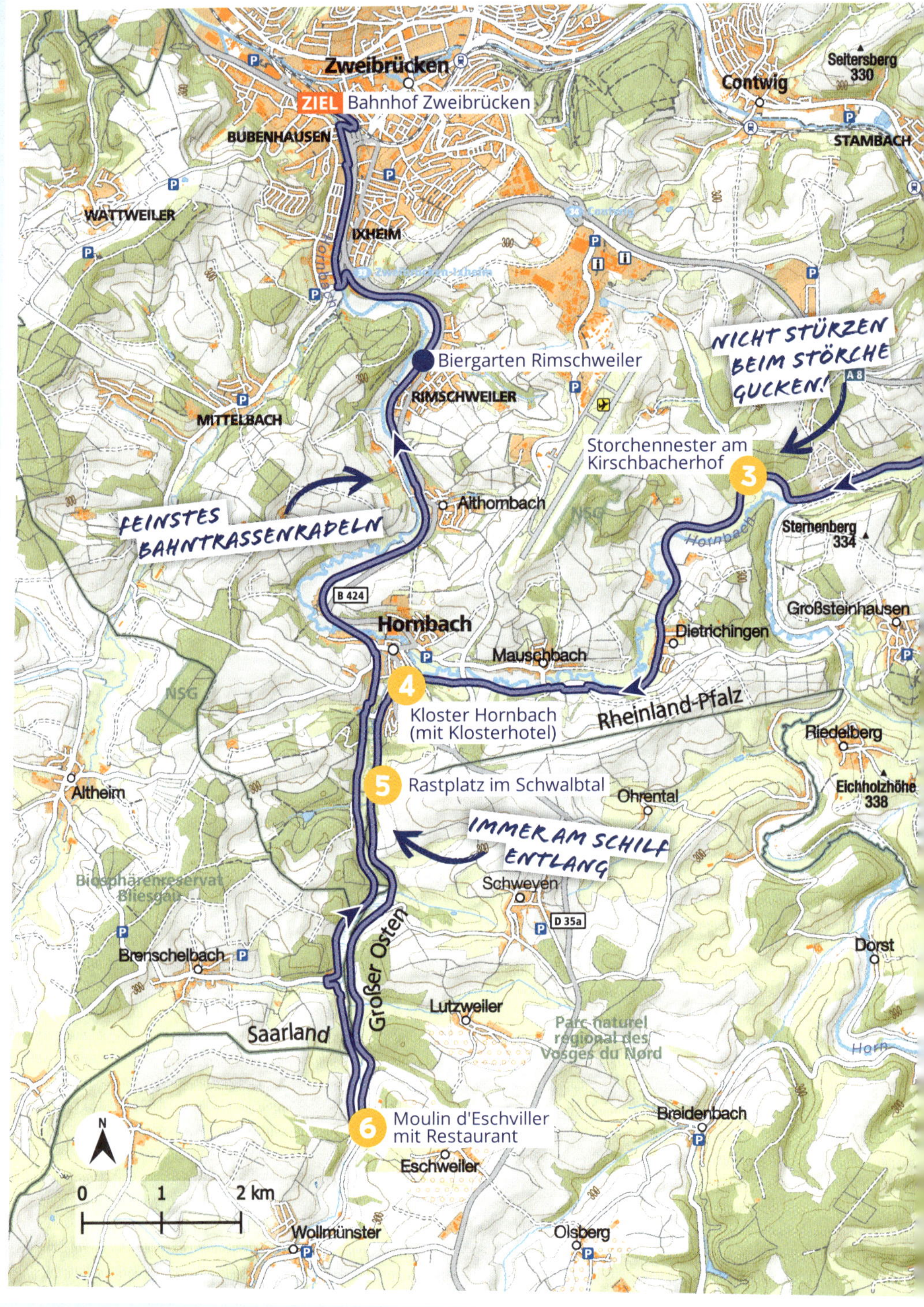
Zweibrücken
ZIEL Bahnhof Zweibrücken
BUBENHAUSEN
Contwig
Seltersberg 330
STAMBACH
WATTWEILER
IXHEIM
Biergarten Rimschweiler
RIMSCHWEILER
MITTELBACH
NICHT STÜRZEN BEIM STÖRCHE GUCKEN!
A 8
Storchennester am Kirschbacherhof
3
Althornbach
FEINSTES BAHNTRASSENRADELN
NSG
Hornbach
Sternenberg 334
B 424
Hornbach
Großsteinhausen
Dietrichingen
Mauschbach
4
Kloster Hornbach (mit Klosterhotel)
Rheinland-Pfalz
Riedelberg
Altheim
5
Rastplatz im Schwalbtal
Ohrental
Eichholzhöhe 338
IMMER AM SCHILF ENTLANG
Biosphärenreservat Bliesgau
Schweyen
D 35a
Großer Osten
Brenschelbach
Dorst
Lutzweiler
Saarland
Parc naturel régional des Vosges du Nord
Horn
6
Moulin d'Eschviller mit Restaurant
Breidenbach
Eschweiler
N
0
1
2 km
Wollmünster
Olsberg

AUF EINEN BLICK

- **Start:** Hauptbahnhof Pirmasens
- **Ziel:** Bahnhof Zweibrücken
- **Strecke/reine Radelzeit:** 46 km (Streckentour, ohne die Schleife zum Moulin d'Eschviller 12 km weniger), 3 Std. 30
- **Höhenmeter:** ↗54 m, ↘200 m
- **Wegbeschaffenheit:** Zu Beginn Kies, Asphalt und Verbunddecke, dann wenig befahrene Nebenstraßen und abschließend ein asphaltierter Radweg auf einem ehemaligen Bahndamm.
- **Beste Zeit:** Ganzjährig.
- **Mitnehmen:** Sonnenschutz, Fotoapparat für die Tierwelt, Platz im Rucksack oder der Satteltasche für Mitbringsel aus dem Kloster Hornbach, Proviant (bis Hornbach gibt es keine Gaststätten).

AUCH NOCH GANZ NÜTZLICH

ORTSREGISTER

IMPRESSUM

» **Text:**
Thomas Diehl

» **Cover- und Buchgestaltung:**
Carolin Weidemann, Köln, www.weidemann-design.com

» **Lektorat & Produktion:**
Verlagsbüro Wais & Partner, Stuttgart, www.wais-und-partner.de

» **Fotos:**
Titelfoto: Gregor Lengler/laif; Fotos Innenteil: Thomas Diehl mit folgenden Ausnahmen: August Eberle (S. 104, 110), Winzergenossenschaft Ilbesheim (S. 168)

» **Kartografie:**
©KOMPASS-Karten GmbH, kompass.de unter Verwendung von ©OpenStreetMap Contributors, osm.org/copyright

» **S. 222 / 223:**
Marie Geißler (Illustration), Jens Bey (Text)

Printed in Poland

1. Auflage 2023

ISBN 978-3-616-03195-8

www.dumontreise.de

FSC www.fsc.org MIX Paper from responsible sources FSC® C139602

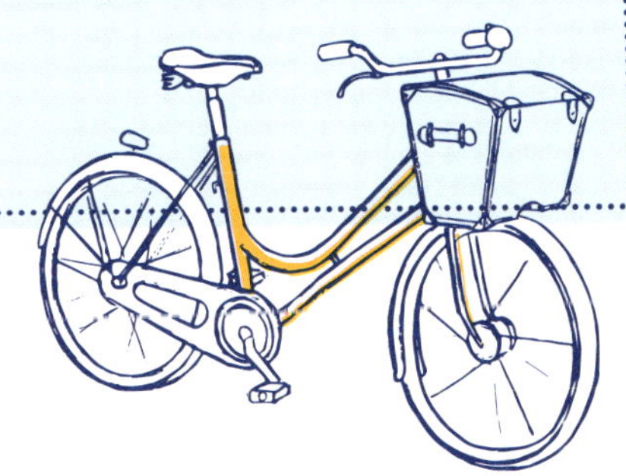

RECHTS ODER LINKS? IMMER WISSEN, WO'S LANGGEHT!

» TOURENVERLAUF
GPX-Daten zum kostenlosen Download
www.dumontreise.de/radelzeit/pfalz

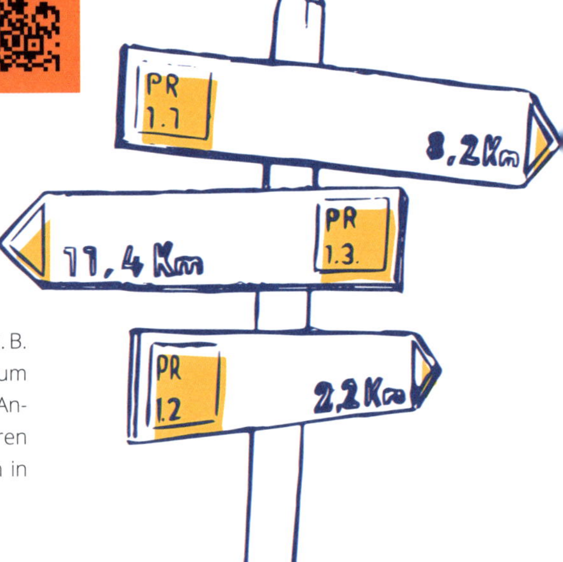

GPX-DOWNLOAD AUFS SMARTPHONE – SO GEHT'S

» Voraussetzung:
Eine Outdoor-App muss installiert sein, z. B. KOMPASS, Outdooractive oder Komoot. Zum Einlesen des QR-Codes benötigen ältere Android-Geräte eine QR-Code-App. Bei neueren Android- und iOS-Geräten ist diese Funktion in der Kamera integriert.

» Daten downloaden:

1. Den QR-Code einlesen oder die Webadresse im Browser eingeben, um auf die Radelzeit-Website zu gelangen.
2. Die gewünschte Tour zum Download anklicken.
3. Bei iOS-Geräten werden die GPX-Daten direkt mit der vorab installierten App verknüpft. Bei Android-Geräten muss ggf. noch eine Weiterleiten-Button geklickt werden (z. B. oben rechts im Display). Manche Apps zeigen den Tourverlauf starr an, andere haben eine Navigationsfunktion dabei.

WEITERRADELN ...

ISBN 978-3-616-03191-0

ISBN 978-3-616-03197-2

ISBN 978-3-616-03189-7

ISBN 978-3-616-03196-5

ISBN 978-3-616-03188-0

ISBN 978-3-616-03198-9

ISBN 978-3-616-03192-7

ISBN 978-3-616-03194-1

Noch mehr Radelinspiration gibt's im gut sortierten Buchhandel und unter www.dumontreise.de

YOGA FÜR DAVOR UND DANACH

SCHMETTERLING

» Setze dich auf den Boden und lege die Unterseiten deiner Füße aneinander, indem du die Knie nach außen fallen lässt. Nun langsam, ohne viel Kraft, nach vorne lehnen und die Füße mit den Händen umschließen. Entspannt drei Minuten in der Position bleiben, langsam und tief durch die Nase ein- und ausatmen. Um die Übung zu verlassen, die Hände neben bzw. hinter den Körper legen, langsam ein Bein nach dem anderen ausstrecken und nach vorne bringen.

HÖR AUF DEIN HERZ

» Lege dich rücklings auf den Boden, ziehe die Knie an und stelle die Füße flach auf den Boden. Lass jetzt die Knie zur Seite fallen und bring die Fußsohlen zusammen. Lege eine Hand auf deinen Bauch und eine Hand in die Nähe deines Herzens. Schließe deine Augen, atme tief ein und aus und halte die Position mindestens 30 Sekunden lang.

KATZENBUCKEL

» Gehe auf alle viere, die Knie direkt unter der Hüfte. Handgelenke, Ellenbogen und Schultern liegen auf einer geraden Linie, die Arme sind gestreckt, der Kopf in Verlängerung des Rückens mit Blick nach unten. Mache mit dem Ausatmen den Rücken rund, der Kopf geht Richtung Boden, wird aber nicht auf die Brust gepresst. Während des Einatmens wandert dein Bauchnabel in Richtung Boden, hebe gleichzeitig den Kopf. Wiederhole die Übung mehrmals.

ZURÜCKGELEHNT

» Knie dich auf den Boden, mit den Oberseiten deiner Füße auf dem Boden. Bring die Knie zusammen, dein Gesäß geht langsam zum Boden, deine Füße rutschen zur Seite und kommen neben deinen Hüften zu liegen. Schiebe mit den Händen deine Oberschenkel nach innen, lehne dich zurück auf deine Unterarme und lege den Oberkörper langsam ab. Halte die Position für mindestens 30 Sekunden.

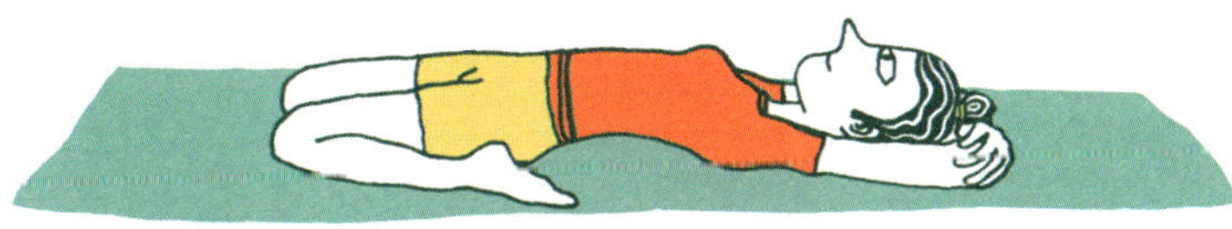

DIE PERFEKTE TOUR ...

#FÜR SONNENHUNGRIGE

Eine Tour mit viel Natur und Kunst im Wald in einem nostalgischen Strandbad ausklingen lassen. Mit Liegewiese, Sandstrand, Stegen, Bootsverleih und Kiosk.

» **TOUR 17, S. 174**

#FÜR NEUGIERIGE

Was es da alles zu sehen und zu machen gibt! Felskolosse bestaunen, Kletterern zuschauen, eine Felsenburg erkunden, Wassertreten, spektakuläre Fotomotive einfangen ....

» **TOUR 18, S. 184**

#FÜR WASSERRATTEN

Immer nahe am Wasser und ganz ohne Anstiege dem Altrhein folgen. In den Mechtersheimer Weiher, den Kollersee und die Blaue Adria springen.

» **TOUR 15, S. 154**

#FÜR LECKERMÄULER

Eine Runde durchs Leiningerland: Weinlagen erkunden, Weingüter und Weinstuben besuchen, Weine verkosten, sich auf die Spuren römischer Winzer begeben.

» **TOUR 1, S. 14**

#FÜR FAULE

Ganz entspannt durch die Pfälzische Moorniederung rollen. Ein Mix aus Wald, Weideland und Wasser. Mit vielen Gelegenheiten zum Einkehren.

» **TOUR 3, S. 34**